Vor dem Start zu lesen

In Geschichten um Liebe, Macht und Intrigen, in Märchen, Mythen und Sagen kommen sie immer wieder vor: Diamant, Rubin, Saphir, Smaragd, Bergkristall. Übernatürliche Kräfte werden ihnen zugeschrieben, wie dem Karfunkelstein, der seinen Besitzer unsichtbar machen soll. Gefaßt in Gold, Silber oder Platin zieren Edelsteine seit Menschengedenken Kronen, Zepter, Monstranzen und andere Insignien weltlicher und geistlicher Herrscher, schmücken Diademe, Ketten, Armbänder, Ringe und vieles andere mehr. Sie werden als Statussymbol getragen, als Beweis von Liebe und Freundschaft verschenkt. Sie befriedigen die menschliche Eitelkeit oder machen mit ihrem Glanz und ihrem Farbenreichtum ganz einfach Freude. Früher galten Edel- und Schmucksteine als Privileg der Reichen dieser Welt. Heute sind sie auch für uns erschwinglich: Ob geschliffen oder ungeschliffen, zu Schmuck verarbeitet oder aufbewahrt in einer Sammlung. Es sind nicht mehr Juweliere allein, die Edel- und Schmucksteine verkaufen; in Boutiquen und Andenkenläden bei uns und in Urlaubsländern werden Steine auch von Nichtfachleuten angeboten, die nicht immer wissen (oder wissen wollen), ob die Steine echt sind. Schon lange gibt es Imitationen und synthetische Steine, die auf den ersten Blick als solche nicht zu erkennen sind, und oft werden Steine unter falschem Namen verkauft.
Hier hilft der *Edelsteine-Kompaß:* Der Benützer lernt mit Hilfe von 120 brillanten Farbfotos und kurzgefaßten Beschreibungstexten alle wichtigen Edel- und Schmucksteine, Imitationen und Synthesen kennen und erfährt, wie man einen echten von einem unechten Stein unterscheiden kann. Voraussetzung für den Erfolg im Umgang mit diesem Edelstein-Führer im Einsteck-Format ist, daß man den Anleitungen zur Benutzung folgt (Seite 2) und sich ein wenig Fachwissen aneignet, um so leichter Zugang zur Welt der Mineralien und Edelsteine zu finden.

Der Autor: Rupert Hochleitner, Diplom-Mineraloge am Institut für Kristallographie und Mineralogie in München, Spezialgebiet: Systematische Mineralogie. Dozent für Mineralogie an der Volkshochschule München. Chefredakteur der Mineralienzeitschrift »Lapis«.

Das finden Sie in diesem Buch

Anleitungen zur Benutzung

Der Bestimmungsteil

In 120 Farbfotos und in Beschreibungen sind Edel- und Schmucksteine, Imitationen und Synthesen vorgestellt (Seite 10 bis 69). Die Bilder zeigen in verschiedenen Formen geschliffene Steine, viele Varietäten des Minerals, aber auch ungeschliffene Mineralien. Im Text werden wichtige mineralogische Eigenschaften des Steins sowie Vorkommen und die häufigste Art der Verarbeitung beschrieben, außerdem die Unterscheidungsmerkmale aller ähnlichen Steine.

Wichtiger Hinweis: Unter den Farbfotos sind die Namen der Edelsteine und der Farbvarianten genannt, auf den farbigen Balken die Namen der Mineralien. In der Edelsteinkunde werden nämlich häufig andere Namen verwendet als in der Mineralogie (Beispiel: das Mineral Olivin wird – verschliffen – zum Edelstein Peridot).

Die **Kennfarben der Balken** bedeuten:

▬ (blau)	Blauer Balken – Edelstein
▬ (grün)	Grüner Balken – Schmuckstein
▬ (rot)	Roter Balken – Imitation
▬ (gelb)	Gelber Balken – Synthese

Mit Hilfe der Tabelle *Durchsichtige Edelsteine, die man verwechseln kann* (Seite 70) können Sie sich auf einen Blick über Verwechslungsmöglichkeiten informieren.

Die *Kleine Edelsteinkunde* (Seite 72 bis 79) enthält – in alphabetischer Reihenfolge – alle Fachbegriffe, deren Erläuterung für das Verständnis der Beschreibungen und zur Unterscheidung einander ähnlicher Steine wichtig ist. Außerdem finden Sie hier Kurzinformationen über jene Steine, die nicht in Farbfoto und Text vorgestellt sind.

So gehen Sie beim Bestimmen vor

Bestimmungsweg 1: Sie besitzen einen Edel- oder Schmuckstein, oder man hat Ihnen einen Stein zum Kauf angeboten – in beiden Fällen kennen Sie den Namen des Steins und möchten mehr über ihn erfahren. Mit Hilfe des Registers (Seite 9) finden Sie zum Farbfoto und zur Beschreibung, in der Sie Wissenswertes über den Stein finden, einschließlich der Merkmale, die ihn von ähnlichen Steinen unterscheiden. Es ist angegeben, welche Eigenschaften Sie prüfen müssen; die Erklärung der Fachbegriffe mit Anleitungen, wie bei der Prüfung des Steins vorzugehen ist, finden Sie auf den Seiten 72 bis 79.

Bestimmungsweg 2: Sie interessieren sich für einen Stein, oder Sie besitzen einen Stein, dessen Namen Sie nicht kennen. In diesen Fällen ist Ihnen jedoch zumindest die Farbe des Steins bekannt, und Sie können feststellen, ob er undurchsichtig, durchsichtig oder durchscheinend ist. Beispiel: Ihr Stein ist blau und durchsichtig. Sie suchen sich im Edelsteine-Kompaß den nächstbesten blauen, durchsichtigen Stein – beispielsweise den Saphir, Mineral Korund. Im Text sind alle anderen blauen und durchsichtigen Steine genannt, die man mit dem Saphir verwechseln könnte, gleichzeitig sind die Unterscheidungsmöglichkeiten angegeben. Prüfen Sie jetzt die genannten Eigenschaften mit Hilfe der Erläuterungen auf den Seiten 72 bis 79 (*Kleine Edelsteinkunde*). Entweder bestätigt das Ergebnis dieser Prüfung Ihre Vermutung, daß es sich um den Saphir handelt – oder Sie stellen fest, daß es sich um einen anderen blauen

Stein handeln muß. Das Register führt Sie dann weiter.
Ebenso gehen Sie natürlich vor bei Steinen mit anderen Farben
oder von anderer Beschaffenheit. In seltenen Fällen werden Sie
zu keinem Ergebnis kommen. Dann könnte es sein, daß Sie
einen der Sammlersteine vor sich haben, die im Edelsteine-
Kompaß nicht vorgestellt sind, weil sie in der Schmuckindustrie
sehr selten verwendet werden. Zur Bestimmung dieser Steine
ist Fachliteratur notwendig, die auf Seite 79 empfohlen ist.

Wissenswertes über Edelsteine

Was ist ein Edelstein?

Diamant, Rubin, Saphir und Smaragd gelten seit alters her als
die klassischen Edelsteine. Sie erfüllen alle Kriterien, die ein
Mineral zum Edelstein machen:

● Jedes Mineral, das als Edelstein gelten soll, muß eine Härte
von mindestens 7 auf der Mohs'schen Härteskala besitzen. Wei-
chere Steine wären durch die allgegenwärtigen Staubkörnchen,
die überwiegend aus Quarz mit der Härte 7 bestehen, bald zer-
kratzt und unansehnlich; sie würden als geschliffene Steine
ihren Glanz und damit an Wert verlieren.

● Edelsteine müssen bestimmte optische Eigenschaften haben:
Sie müssen möglichst durchsichtig sein, starken Glanz und hohe
Lichtbrechung aufweisen – die Voraussetzungen dafür, daß der
Stein bei optimalem Schliff leuchtet und funkelt.

● Ein Edelstein-Mineral darf in nicht zu großer Menge vorkommen, muß also einen gewissen Seltenheitswert haben. Es
darf aber auch nicht zu selten sein, denn dann würde sich seine
Verarbeitung für die Schmuckindustrie nicht lohnen.

Mineralien, auf die diese Kriterien zutreffen, dürfen das Prädi-
kat »Edelstein« führen. Wird eines der beschriebenen Kriterien
nicht erfüllt, das Mineral aber zu Schmuck verarbeitet, dann
handelt es sich um Schmucksteine, früher auch als »Halbedel-
steine« bezeichnet. Dieser Begriff wird heute nicht mehr verwendet, er widerspricht den edelsteinkundlichen Normen und
damit den Vorschriften der Deutschen Gemmologischen Gesellschaft.

So werden Edel- und Schmucksteine geschliffen

Damit ihre Schönheit richtig zur Geltung kommt, werden Edel-
und Schmucksteine geschliffen und poliert. (Zeichnungen →
vordere Umschlaginnenseite.)

Bei durchsichtigen, farblosen, stark lichtbrechenden Steinen bevorzugt man den *Facettenschliff:* Es werden am Stein möglichst viele, regelmäßig angeordnete, ebene Flächen geschliffen. Durch diese Facetten wird das Licht mehrfach gebrochen, was die Brillanz des Steines erhöht und ihn zum Leuchten und Funkeln bringt. Es gibt je nach Art des Minerals und Form des Rohsteins viele Schleifvarianten, von denen der *Brillantschliff* die bekannteste ist.

Durchscheinende bis undurchsichtige Steine werden im *Cabochonschliff* verarbeitet: Es werden rundliche Körper mit ebener (planer) Basis geschliffen, deren Querschnitt in den verschiedensten Proportionen kreisförmig oder oval sein kann.

Bewertung von Edelsteinen

Der Wert eines Edelsteins ist zunächst davon abhängig, wie häufig er ist, außerdem von Größe, Qualität und Schliffart – und natürlich von der augenblicklichen Nachfrage.

Bei durchsichtigen, farblosen Steinen, hauptsächlich beim Diamanten, ist bei der Wertbestimmung die *Lupenreinheit* von besonderer Bedeutung. Lupenrein ist der Stein, in dem mit einer zehnfach vergrößernden Lupe weder Fehler noch Einschlüsse zu erkennen sind. Lupenreine Steine sind die wertvollsten.

Bei Farbsteinen wie Rubin, Saphir oder Smaragd sind Farbintensität und Farbton wertbestimmend. Lupenreine farbige Steine gibt es nicht, jeder dieser Steine enthält irgendwelche Einschlüsse.

Für die Verarbeitung eines Steins zu Schmuck ist es nicht unbedingt nötig, daß er absolut lupenrein oder von höchster Farbqualität ist. Die meisten kleinen Fehler kann nur der Fachmann erkennen; für Schmuckzwecke sind »unvollkommene« Steine, die viel billiger sind, ebensogut geeignet.

Farbveränderungen

Um der Qualität von Edel- oder Schmucksteinen durch Farbänderung »nachzuhelfen«, bedient man sich zum Beispiel der Bestrahlung mit Gammastrahlen oder der Technik des Färbens oder Brennens.

Zum *Färben* eignen sich die Steine der Achat- und Chalcedon-Gruppe besonders gut. Durch Einlegen in spezielle Farblösungen können beliebig Farbtönungen erzeugt werden, die in der Natur selten sind oder nicht vorkommen.

Bei vielen anderen Steinen wird die Farbe durch *Brennen* bei entsprechenden Temperaturen verändert. So werden beispielsweise aus in der Natur braunen Zirkonen weiße und blaue Zirkone hergestellt, aus Amethyst ein braungelber Quarz, der dann als Citrin oder gar als Topas in den Handel kommt.

Imitation und Synthese

Der hohe Wert und die relative Seltenheit von Edel- und Schmucksteinen waren bereits in der Antike Anreiz für Versuche, Steine künstlich herzustellen.

Wir sprechen heute von Imitation und Synthese – zwei grundsätzlich unterschiedlichen Methoden. Wenn ein Stein durch eine andere, ähnlich aussehende Substanz nachgeahmt wird, handelt es sich um eine *Imitation*. Weil sich jedoch ihre Eigenschaften mehr oder weniger stark von jenen des imitierten Steins unterscheiden, sind Imitationen in der Regel leicht zu erkennen. Beispielsweise ist Glas, das den Diamanten imitieren soll, viel weicher als dieser Edelstein.

Synthesen dagegen sind von echten Steinen mit einfachen Mitteln oft nicht zu unterscheiden. Eine *Synthese* ist ein künstlich hergestellter Stein mit den gleichen physikalischen und chemischen Eigenschaften wie der natürliche Stein, aber: eine Synthese ist weniger wertvoll.

Ein Sonderfall ist der künstlich hergestellte Stein, der einen anderen Edelstein imitiert. Beispielsweise ist es möglich, synthetischen Korund oder synthetischen Spinell nicht nur sehr billig, sondern zur Verwendung als Imitation in der Farbe praktisch jedes anderen Edelsteins herzustellen.

Dublette oder Triplette

Eine weitere Besonderheit sind Dubletten und Tripletten – aus verschiedenen Schichten zusammengesetzte Steine. Auf diese Weise vergrößert man zu dünne Steine, die sich erst so präpariert zur Schmuckverarbeitung eignen. In größerem Umfang wird diese Art der Bearbeitung nur beim Edelopal durchgeführt. Eine dünne Edelopalschicht wird auf anderes, meist schwarzes Material geklebt; es entsteht die *Dublette*. Häufig wird auch noch eine durchsichtige »Schutzschicht« aus härterem Material auf die dünne Edelopalschicht geklebt; den so entstandenen Stein nennt man *Triplette*. Dubletten und Tripletten enthalten also beide Teile des echten Steins, sind aber von geringerem Wert.

In ungefaßtem Zustand kann man sowohl Dubletten als auch Tripletten gut erkennen: Beim Betrachten von der Seite sieht man die Trennschicht zwischen den einzelnen Teilen. Sind die

Steine gefaßt, läßt sich auf der Rückseite das meist deutlich
anders gefärbte Material der Unterlage erkennen.

Das Sammeln von Edelsteinen

Ein Hobby, das erst in letzter Zeit von vielen Menschen betrie-
ben wird, ist das Sammeln von geschliffenen Steinen. Edelstein-
sammler lassen diese Steine nicht zu Schmuck verarbeiten, sondern bewahren sie in dafür geeigneten Behältnissen auf – ähnlich wie Mineralien. Interessant sind auch *Sammlersteine:*
Steine, die ihrer Seltenheit oder ihrer geringen Härte wegen zur
Schmuckverarbeitung nicht geeignet sind, aber für Sammel-
zwecke geschliffen werden.

Edelsteine als Glücksbringer?

Edelsteine üben von jeher eine große Faszination auf Menschen
aus. Früher wurden ihnen sogar magische Kräfte zugeschrieben, sie sollten Mut, Gesundheit und Stärke verleihen. Der
Amethyst beispielsweise sollte die Kraft besitzen, seinen Träger
vor Trunkenheit zu bewahren; der Diamant sollte vor Vergif-
tungen schützen und zu Reichtum verhelfen.

Monatssteine		Sternzeichensteine	
Januar:	Granat, Rosenquarz	Widder:	Chalcedon, Rubin
Februar:	Amethyst, Onyx	Stier:	Smaragd
März:	Aquamarin, Jaspis	Zwillinge:	Onyx
April:	Bergkristall, Diamant	Krebs:	Karneol, Diamant
Mai:	Chrysopras, Smaragd	Löwe:	Peridot
Juni:	Mondstein, Perle	Jungfrau:	Beryll, Onyx
Juli:	Karneol, Rubin	Waage:	Topas, Smaragd
August:	Aventurin, Peridot	Skorpion:	Chrysopras, Rubin
September:	Lapis-Lazuli, Saphir	Schütze:	Zirkon, Saphir
Oktober:	Opal, Turmalin	Steinbock:	Amethyst, Obsidian,
November:	Tigerauge, Topas	Wassermann:	Jaspis, Obsidian
Dezember:	Rubin, Hämatit	Fische:	Saphir

Edelsteine sollten auch Glück bringen. Den Monaten und
Sternzeichen wurden bestimmte Glückssteine zugeordnet.
Auch heute noch tragen viele Menschen ihren Glücksstein.
Vielleicht halten wir es mit dem berühmten Wissenschaftler
Niels Bohr, der auf die Frage, ob er an die Wirksamkeit des von
ihm getragenen Glückssteins glaube, mit Nein antwortete –
jedoch hinzufügte, man habe ihm versichert, der Stein würde
auch helfen, wenn man nicht daran glaube.

Tips für den Edelsteinkauf

● Edelsteinkauf ist Vertrauenssache – kaufen Sie wertvolle Steine immer im Fachgeschäft!

● Seien Sie vorsichtig – und besonders kritisch – bei Käufen in Urlaubsländern. Es werden dort oft synthetische Steine als echt verkauft oder minderwertige Steine zu überhöhten Preisen.

● Mißtrauen Sie besonders günstigen Angeboten – niemand hat etwas zu verschenken.

● Verlassen Sie sich beim Edelsteinkauf aus Privatbesitz nicht auf mitgelieferte Gutachten – ein Zertifikat ist nicht immer Beweis für Echtheit und Qualität eines Steins. Häufig ist ein Wiederbeschaffungswert angegeben, der viel höher ist als die Summe, die sich bei einem eventuellen Verkauf des Steins erzielen läßt. Ziehen Sie stets einen Fachmann Ihres Vertrauens zu Rate!

● Auch alter Schmuck aus Familienbesitz kann Imitationen oder synthetische Steine enthalten. Es war früher durchaus üblich, Imitationen in Gold oder Silber zu fassen.

● Kaufen Sie Edelsteine nicht zur Geldanlage – obwohl oft angepriesen, ist dies allenfalls für Fachleute ein Geschäft. Es gibt Investitionsmöglichkeiten, die gewinnbringender, vor allem aber sicherer sind.

● Kaufen Sie keinen teuren Stein, wenn Ihnen ein preiswerterer genausogut gefällt. Es muß nicht immer Rubin oder Diamant sein. Auch Granat und Bergkristall sind sehr schön – und viel billiger.

● Der Edelstein-Kompaß bietet Ihnen in den Beschreibungstexten der Edel- und Schmucksteine zahlreiche Tips zur Unterscheidung der Steine. So können Sie den billigen Zirkon einfach durch Prüfung der Doppelbrechung (Seite 73) vom wertvollen Diamanten unterscheiden. Den schnellen Überblick zur Unterscheidung der besonders wertvollen durchsichtigen Edelsteine gibt Ihnen die Tabelle auf Seite 70.

● Über den richtigen Umgang mit Edelsteinen sollten Sie ebenfalls Bescheid wissen: Speziell gegen Stoß und Schlag sind alle Steine mehr oder weniger empfindlich. Auch Chemikalien, wie sie in Wasch- und Spülmitteln enthalten sind, können viele Steine schädigen. Besonders empfindlich beispielsweise ist der Edelopal, der bereits bei geringer Hitze springen oder sein Farbenspiel verlieren kann. Der Türkis ist besonders empfindlich gegen Öle und Fette, auch gegen Hautcremes. Sein schönes Türkisblau kippt dann schnell um in ein schmutziges Grün – der Stein verliert an Schönheit und an Qualität.

Register der Edelsteine und Mineralien

CIP-Kurztitelaufnahme der Deutschen Bibliothek

Hochleitner, Rupert:
Edelsteine-Kompaß: Edelsteine, Schmucksteine u.
Imitationen kennen- u. unterscheiden lernen /
Rupert Hochleitner. 1. Aufl. – München: Gräfe und Unzer, 1985.
ISBN 3-7742-2436-6

Redaktionsleitung: Hans Scherz
Lektorat: Doris Schimmelpfennig-Funke, Gudrun Diller
Einbandgestaltung: Heinz Kraxenberger

Zeichnungen: Thomas Feile
Offsetreproduktion und Druck: Graphische Anstalt E. Wartelsteiner
Bindung: Ludwig Auer GmbH

Die Fotos, mit Ausnahme der nachstehend aufgeführten, stammen vom Autor.
Archiv LAPIS: Seite 12, 27; Rassenberg: Seite 30 rechts.

ISBN 3–7742–2436–6

**oben: Diamant, Brillantschliff
unten: Gelber Diamant,
Brillantschliff**

**oben: Facettierter Diamant,
Tropfenform
unten: Diamant-Kristall**

C. Härte: 10. Dichte: 3, 52.
Farbe: Farblos, gelb, grün, blau, rosa, durchsichtig. Diamantglanz. Strichfarbe: Weiß. Spaltbarkeit: Nach dem Oktaeder
vollkommen. Bruch: Muschelig bis splittrig. Kristallform:
Kubisch, Oktaeder, Würfel, oft unregelmäßige Formen, häufig
Zwillinge. Sehr hohe Lichtbrechung. Tenazität: Spröde. Vorkommen: Eingewachsen im Kimberlit (blue ground), lose in
Seifen, manchmal auch auf sekundärer Lagerstätte in Konglo-
meraten (verfestigte Seifen).

Diamant-Kristall im Gestein (Südafrika)

Verarbeitung: Facettenschliff. Unterscheidung: Die hohe
Härte unterscheidet den Diamant von allen anderen Mineralien. Bergkristall und Zirkon sind sehr viel weicher und haben
eine niedrigere Lichtbrechung, Zirkon hat außerdem eine sehr
hohe Doppelbrechung. Glas ist viel weicher, hat eine niedrigere
Lichtbrechung, mit Folien hinterlegt oder beschichtet ist es
deutlich bunter. Galliant ist viel weicher und viel bunter. Zirkonia ist viel bunter. Linobat ist viel weicher und viel bunter.
YAG hat eine viel niedrigere Lichtbrechung.

oben: Synthetischer Sternrubin
unten: Rubin, facettiert

oben: Gelber Saphir, Cabochon
unten: Saphir, facettiert

Al_2O_3. Härte: 9. Dichte: 3,97–4,05.
Farbe: Farblos, rot, blau, rosa, gelb, durchsichtig bis durchscheinend. Glasglanz. Strichfarbe: Weiß. Spaltbarkeit: Keine.
Bruch: Muschelig, uneben. Kristallform: Trigonal, sechsseitige Bipyramiden, oft mit Basis, dicktafelig, abgerollte Körner, derb eingewachsen. Tenazität: Spröde. Vorkommen: In metamorphen Gesteinen wie Gneisen, Marmoren, abgerollt in Seifen, in vulkanischen Gesteinen.
Es gibt zwei Gruppen von Korunden, die nach ihrer Farbe unterschieden werden: einerseits den roten Rubin, andererseits alle anders gefärbten Korunde – die Saphire.

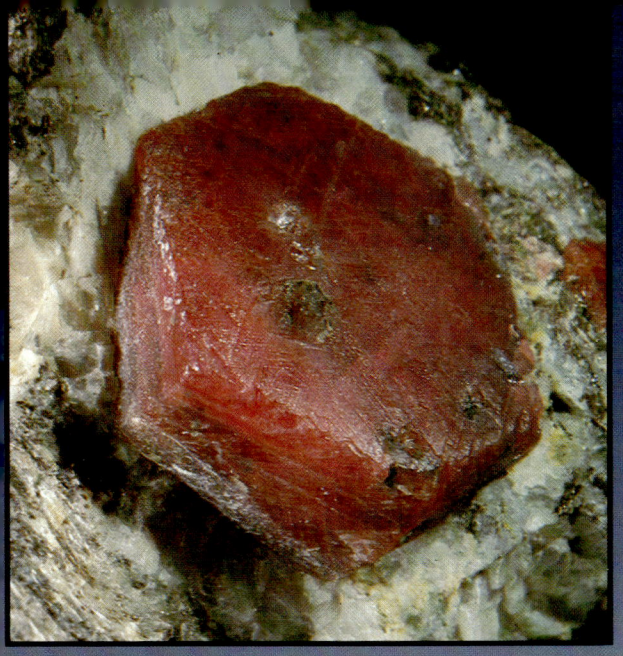

Rubin-Kristall im Muttergestein (Indien)

Rubin: Hell- bis dunkelrot, durchsichtig bis durchscheinend. Die durchsichtigen Exemplare werden facettiert geschliffen, die nur durchscheinenden als Cabochon, ebenso wie die Sternrubine, die einen sechsstrahligen Stern zeigen. <u>Unterscheidung:</u> Spinell ist weicher, aber mit einfachen Mitteln nur schwer zu unterscheiden. Granat ist deutlich weicher und weist meist einen anderen Rotton auf. Roter Zirkon hat eine hohe Doppelbrechung. Synthetischer Rubin hat meist gebogene Anwachsstreifen, ist aber mit einfachen Mitteln nicht zu unterscheiden. Rotes Glas ist viel weicher und hat Luftblasen. Synthetischer Sternrubin zeigt einen schärferen Stern als natürliche Steine und hat eine zu einheitliche Grundmasse.

Mineral: Korund 13

Rubin im grünen Zoisit, Querschnitt

Saphir: Blau bis schwarzblau, durchsichtig bis durchscheinend. Facetten- und Cabochonschliff. <u>Unterscheidung:</u> Synthetischer Saphir ist mit einfachen Mitteln nicht zu unterscheiden. Für den synthetischen Sternsaphir gilt gleiches wie für den synthetischen Sternrubin (Seite 13). Blaues Glas ist viel weicher.

Padparadscha (rötlicher bis gelblicher Saphir): Rötlich bis orangegelb, durchsichtig bis durchscheinend. Facetten- und Cabochonschliff. <u>Unterscheidung:</u> Citrin, gebrannter Amethyst und gelber Orthoklas sind viel weicher.

Farbloser Saphir: Farblos, durchsichtig. Facettenschliff. <u>Unterscheidung:</u> Bergkristall ist viel weicher. Zirkon hat eine hohe Doppelbrechung. Glas ist ebenfalls viel weicher.

**oben: Roter Spinell, facettiert
unten: Roter Spinell,
Einzelkristall**

**oben: Spinell-Zwilling
unten: Gelblicher Spinell,
abgerollt**

MgAl$_2$O$_4$. <u>Härte</u>: 8. <u>Dichte</u>: 3,58–3,62.
<u>Farbe</u>: Rot, rosa, violett, blau, durchsichtig. Glasglanz. <u>Strich-</u>
<u>farbe</u>: Weiß. <u>Spaltbarkeit</u>: Kaum erkennbar. <u>Bruch</u>: Musche-
lig. <u>Kristallform</u>: Kubisch, Oktaeder, abgerollte Stücke. <u>Tena-</u>
<u>zität</u>: Spröde. <u>Vorkommen</u>: In metamorphen Gesteinen, spe-
ziell in Marmoren, in Seifen.
<u>Verarbeitung</u>: Facettenschliff. <u>Unterscheidung</u>: Rubin ist här-
ter, aber mit einfachen Mitteln nur schwer zu unterscheiden.
Rotes Glas ist viel weicher und hat immer Luftblasen. Synthetischer roter Spinell ist mit einfachen Mitteln kaum zu unterscheiden.

Mineral: Spinell   **15**

oben: Aquamarin, facettiert
unten: Smaragd mit
Einschlüssen

oben: Heliodor, facettiert
unten: Roter Beryll

$Al_2Be_3 [Si_6O_{18}]$. Härte: 7,5–8. Dichte: 2,63–2,80.
Farbe: Farblos, grün, gelb, rosa, blau, weiß, durchsichtig. Glasglanz. Strichfarbe: Weiß. Spaltbarkeit: Kaum erkennbar.
Bruch: Muschelig. Kristallform: Hexagonal, prismatisch bis
tafelig, ein- und aufgewachsen. Tenazität: Spröde. Vorkommen: In Pegmatiten, eingewachsen, in Drusen, selten in vulkanischen Gesteinen (roter Beryll), in kristallinen Schiefern.
Als Edelsteine werden verschiedene Farbvarietäten verwendet:
Aquamarin: Hellblau, durchsichtig. Facetten-, seltener Cabochonschliff. Unterscheidung: Synthetischer aquamarinfarbiger
Spinell ist leicht an seiner Fluoreszenz unter UV-Licht zu erken-

Aquamarin, Einzelkristall

nen. Blauer Zirkon hat eine hohe Doppelbrechung. Blauer Topas ist mit einfachen Mitteln kaum zu unterscheiden. Glas ist viel weicher.

Smaragd: Smaragdgrün bis hellgrün, durchsichtig bis durchscheinend. Facetten- und Cabochonschliff. <u>Unterscheidung:</u> Grüner Turmalin zeigt ein viel blaustichigeres Grün. Glas ist viel weicher. Dubletten erkennt man beim Betrachten von der Seite leicht an der Trennschicht.

Aufgewachsene Smaragd-Kristalle (Kolumbien)

Heliodor: Hellgelb bis goldgelb, durchsichtig. Facettenschliff.
Unterscheidung: Gelber Zirkon hat eine hohe Doppelbre-
chung. Citrin ist meist nicht so intensiv goldgelb. Gebrannter
Amethyst ist mehr braungelb, gelber Orthoklas ist viel weicher.
Morganit: Hell- bis dunkelrosa, durchsichtig. Facettenschliff.
Unterscheidung: Rosa Saphir ist viel härter. Beim Kunzit
erkennt man beim Betrachten von verschiedenen Seiten deutli-
che Farbunterschiede (Pleochroismus).

Mehrfarbiger Turmalin (Brasilien)

Die Turmaline sind eine Gruppe von Mischkristallen. Als Edelstein wird praktisch nur der **Elbait** mit seinen verschiedenen Farbvarietäten verwendet:
$Na(Li, Al)_3Al_6[(OH)_4/(BO_3)_3/Si_6O_{18}]$. <u>Härte:</u> 7. <u>Dichte:</u> 3,0–3,25.
<u>Farbe:</u> Farblos, rosa, grün, blau, schwarz, braun, durchsichtig bis durchscheinend. Glasglanz. <u>Strichfarbe:</u> Weiß. <u>Spaltbarkeit:</u> Keine. <u>Bruch:</u> Muschelig. <u>Kristallform:</u> Trigonal, prismatisch, ein- und aufgewachsen. <u>Tenazität:</u> Spröde. <u>Vorkommen:</u> In Pegmatiten, in hydrothermalen Gängen, in pneumatolytischen Lagerstätten, in metamorphen Gesteinen.
<u>Verarbeitung:</u> Facetten-, seltener Cabochonschliff.

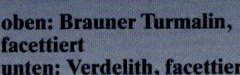

oben: Brauner Turmalin, facettiert
unten: Verdelith, facettiert

oben: Rubellit, facettiert
unten: Zweifarbiger Turmalin, Treppenschliff

Rubellit: Rosa bis himbeerrot, durchsichtig. <u>Unterscheidung:</u> Rosa Topas ist härter. Kunzit und Morganit sind meist viel weniger intensiv gefärbt. Rubellit-Katzenauge gibt es selten.
Verdelith: Grün, meist relativ dunkel. <u>Unterscheidung:</u> Grünes Glas hat Luftblasen. Peridot ist mehr gelbgrün. Grüner Granat ist immer heller grün. Smaragd ist härter und zeigt das typische Smaragdgrün.
Indigolith: Blau, häufig mit Stich ins Grüne, durchsichtig. <u>Unterscheidung:</u> Durch die charakteristische Farbe von praktisch allen anderen blauen Steinen zu unterscheiden.

Mehrfarbiger Turmalin, Querschnitt

Turmaline können auch mehrfarbig auftreten, häufig zum Beispiel rot und grün. Wegen ihrer charakteristischen Färbung
nennt man solche Turmaline auch **Wassermelonensteine.**
<u>Unterscheidung:</u> Unverwechselbar.

oben: Farbloser Topas,
facettiert
unten: Blauer Topas-Kristall

oben: Brauner Topas,
facettiert
unten: Gelber Topas-Kristall

$Al_2[F_2/SiO_4]$. <u>Härte:</u> 8. <u>Dichte:</u> 3,53–3,56.
<u>Farbe:</u> Farblos, gelb, braun, rosa, grün, blau, durchsichtig.
Glasglanz. <u>Strichfarbe:</u> Weiß. <u>Spaltbarkeit:</u> Nach der Basis
vollkommen. <u>Bruch:</u> Uneben bis splittrig. <u>Kristallform:</u>
Orthorhombisch, prismatisch, meist aufgewachsen. <u>Tenazität:</u>
Spröde. <u>Vorkommen:</u> In Pegmatiten ein- und aufgewachsen, in
pneumatolytischen Lagerstätten, in Drusen vulkanischer
Gesteine, in Seifen in abgerollten Stücken.

Mineral: Topas   **22**

Topas-Kristall auf Muttergestein (Utah, USA)

<u>Verarbeitung:</u> Facettenschliff. <u>Unterscheidung:</u> Gebrannter Amethyst ist weicher als gelber Topas und zeigt eine sehr typische braungelbe Farbe; er wird häufig als Topas oder als *Madeiratopas* und *Goldtopas* verkauft. Speziell angebliche Topas-Ketten sind sehr oft aus gebranntem Amethyst hergestellt, ihr relativ niedriger Preis ist immer schon ein deutlicher Hinweis; Ketten aus braun gefärbtem echten Topas gibt es dagegen praktisch nicht im Handel. Beryll ist von Topas mit einfachen Mitteln nur schwer zu unterscheiden. Zirkon zeigt eine hohe Doppelbrechung. Glas ist viel weicher.

Mineral: Topas   23

oben: Chrysoberyll-Katzenauge
unten: Alexandrit-Kristall
bei Kunstlicht

oben: Chrysoberyll, facettiert
unten: Alexandrit-Kristall
bei Tageslicht

$BeAl_2O_4$. Härte: 8,5. Dichte: 3,71–3,72.
Farbe: Gelb, braun, grün, durchsichtig bis durchscheinend.
Glasglanz. Strichfarbe: Weiß. Spaltbarkeit: Keine. Bruch:
Uneben bis muschelig. Kristallform: Orthorhombisch, tafelig,
oft Kniezwillinge und sechsseitige Drillinge. Tenazität: Spröde.
Vorkommen: In Pegmatiten, lose in Seifen, in metamorphen
Gesteinen.
Chrysoberyll: Gelbgrünlich, grünlich, durchsichtig. Bevorzugt
Facettenschliff. Unterscheidung: Gelber Saphir ist meist inten-
siver und reiner gelb. Zirkon hat eine starke Doppelbrechung.
Synthetischer Spinell fluoresziert stark grün. Topas ist reiner
gelb. Glas und gelber Orthoklas sind viel weicher.

Chrysoberyll-Drilling (Brasilien)

Chrysoberyll-Katzenauge: Gelb, zum Teil mit bräunlichem oder grünlichem Farbton, undurchsichtig. Cabochonschliff. Unterscheidung: Das extrem seltene Quarz-Katzenauge hat einen viel geringeren Glanz, der Lichtstreifen ist viel weniger scharf.
Alexandrit: Bei Tageslicht grün, bei Kunstlicht rot, durchscheinend bis durchsichtig. Bevorzugt Facettenschliff. Unterscheidung: Alexandritfarbener synthetischer Korund hat gebogene Anwachsstreifen. Dubletten aus Granat und grünem Glas sind beim Betrachten von der Seite leicht an der Trennschicht zu erkennen. Facettierter Andalusit ist bei Tageslicht nicht grünlich.

Mineral: Chrysoberyll 25

oben: Kunzit, facettiert
unten: Gelbgrüner Hiddenit-Kristall

$LiAlSi_2O_6$. Härte: 7. Dichte: 3,18.
Farbe: Weiß, rosa, grün, durchsichtig. Glasglanz. Strichfarbe:
Weiß. Spaltbarkeit: Vollkommen. Bruch: Uneben bis muschelig. Kristallform: Monoklin, tafelig bis prismatisch, oft sehr
stark natürlich verätzt mit unregelmäßiger Oberfläche. Sehr
starker Pleochroismus, der sich besonders bei der Varietät Kunzit deutlich zeigt: Von verschiedenen Seiten betrachtet, kann
der Kristall verschiedene Farben von Farblos bis Rosaviolett
zeigen. Tenazität: Spröde. Vorkommen: In Pegmatiten, ein-
und aufgewachsen.
Verarbeitung: Facettenschliff.

Kunzit-Kristall

Spodumen tritt in zwei Farbvarietäten auf, wobei der grüne Hiddenit viel seltener verschliffen wird als der rosa Kunzit.

Kunzit: Rosa bis rosaviolett, meist ziemlich hell, durchsichtig. <u>Unterscheidung:</u> Morganit (rosa Beryll) zeigt praktisch keinen Pleochroismus. Rosa Saphir ist deutlich härter; gleiches gilt für rosa Topas. Rosenquarz zeigt ebenfalls keinen Pleochroismus und ist gegenüber Kunzit immer etwas milchig.

Hiddenit: Kräftig grün bis gelblich grün, durchsichtig. <u>Unterscheidung:</u> Peridot hat eine hohe Doppelbrechung. Chrysoberyll ist viel gelber.

**oben: Farbloser Zirkon,
unten: Grüner Zirkon,
– beide facettiert**

**oben: Brauner Zirkon,
facettiert;
unten: Farbloser Zirkon-Kristall**

$ZrSiO_4$. Härte: 6,5–7,5. Dichte: 3,95–4,70.
Farbe: Farblos, blau, gelb, braun, grün, rosa, rot, durchsichtig.
Diamantartiger Glanz. Strichfarbe: Weiß. Spaltbarkeit: Kaum
erkennbar. Bruch: Uneben bis muschelig. Kristallform: Tetragonal, prismatisch bis isometrisch, ein- und aufgewachsen,
abgerollte Körner. Tenazität: Spröde. Hohe Doppelbrechung,
die allerdings bei den dunkler gefärbten Steinen oft wegen der
Isotropisierung durch radioaktive Elemente nicht mehr feststellbar ist. Vorkommen: In Pegmatiten, in magmatischen
Gesteinen, in Seifen.
Verarbeitung: Facettenschliff. Für den Handel werden die meisten Steine gebrannt, um eine bestimmte Färbung zu erzielen;

Mineral: Zirkon   **28**

Rötlicher Zirkon-Kristall in Muttergestein

aus den in der Natur am häufigsten vorkommenden graubraunen und rötlichbraunen können durch Brennen unter verschiedenen Bedingungen farblose, gelbe, rotgelbe und blaue Steine erzeugt werden. <u>Unterscheidung:</u> Aquamarin hat keine hohe Doppelbrechung wie der blaue Zirkon. Bergkristall und farbloser Saphir unterscheiden sich vom weißen Zirkon dadurch, daß sie keine hohe Doppelbrechung haben. Rotgelber Zirkon (Hyazinth) unterscheidet sich vom ebenso gefärbten Saphir durch die hohe Doppelbrechung. Zirkonia, Linobat und Galliant haben ein viel intensiveres Farbenspiel, YAG hat – ebenso wie Galliant und Zirkonia – keine Doppelbrechung.

Mineral: Zirkon   **29**

oben: Grüner Grossular, Cabochon
oben: Pyrop, facettiert
unten: Almandin, facettiert
unten: Spessartin-Kristall

Die Granate bilden eine sehr weit verbreitete Gruppe von Mischkristallen mit folgenden theoretischen Endgliedern: **Pyrop** $Mg_3Al_2[Si_3O_{12}]$, **Almandin** $Fe_3Al_2[Si_3O_{12}]$, **Spessartin** $Mn_3Al_2[Si_3O_{12}]$, **Grossular** $Ca_3Al_2[Si_3O_{12}]$, **Andradit** $Ca_3Fe_2[Si_3O_{12}]$, **Uwarowit** $Ca_3Cr_2[Si_3O_{12}]$.
Härte: 7–8. Dichte: 3,7–3,9.
Farbe: Farblos, weiß, rosa, gelb, braun, rot, durchsichtig bis durchscheinend. Glasglanz. Strichfarbe: Weiß. Spaltbarkeit: Keine. Bruch: Muschelig. Kristallform: Kubisch, Rhombendodekaeder, abgerollte Stücke. Tenazität: Spröde. Vorkommen: In Pegmatiten, metamorphen Gesteinen, in Seifen. Verarbeitung: Facetten- und Cabochonschliff. Zu Schmuck

Mineral: Granat 30

Grossular-Kristall (Kanada)

werden vor allem folgende Arten und Varietäten verarbeitet:

Grossular: Gelb, gelbgrün, braun, farblos. <u>Unterscheidung:</u> Zirkon hat eine hohe Doppelbrechung.

Pyrop: Blutrot bis bräunlichrot. <u>Unterscheidung:</u> Rubin ist härter und zeigt ein anderes Rot.

Almandin: Rot mit leichtem Stich ins Violette. <u>Unterscheidung:</u> Rubin ist härter und zeigt ein anderes Rot.

Hessonit: Braun, durchsichtig. <u>Unterscheidung:</u> Zirkon hat eine hohe Doppelbrechung. Topas ist härter.

Demantoid: Gelbliches Grün, durchsichtig. <u>Unterscheidung:</u> Peridot hat eine hohe Doppelbrechung. Chrysoberyll ist viel härter.

oben: Peridot, facettiert   **Peridot-Kristall (Ägypten)**
unten: Synthetischer peridot-
farbener Korund

$(Mg, Fe)_2SiO_4$. Härte: 6,5. Dichte: 3,25–3,35.
Farbe: Intensiv grün mit einem deutlichen Stich ins Gelbgrün,
durchsichtig. Glasglanz, etwas fettig. Strichfarbe: Weiß. Spaltbarkeit: Schlecht nach der Basis. Bruch: Muschelig. Kristallform: Orthorhombisch, tafelig bis isometrisch, körnige eingewachsene Massen, abgerollte Stücke. Doppelbrechung hoch.
Tenazität: Spröde. Vorkommen: Eingewachsen in vulkanischen Gesteinen, auf Klüften dieser Gesteine auch Kristalle.
Verarbeitung: Bevorzugt Facettenschliff. Unterscheidung:
Chrysoberyll ist immer deutlich gelber, er hat keine hohe Doppelbrechung. Synthetischer peridotfarbener Korund und Spinell haben keine hohe Doppelbrechung, ebenso Glas.

Mineral: Olivin   **32**

Bergkristall (Brasilien)

Quarz bildet außerordentlich viele Farb- und Formvarietäten. Die wichtigsten werden auf dieser und den folgenden Seiten beschrieben und zum größten Teil auch abgebildet.
SiO_2. <u>Härte:</u> 7. <u>Dichte:</u> 2,65.
<u>Farbe:</u> Farblos, weiß, gelb, rosa, grün, blau, rot, violett, braun, schwarz, durchsichtig bis durchscheinend. Glasglanz bis Fettglanz. <u>Strichfarbe:</u> Weiß. <u>Spaltbarkeit:</u> Keine. <u>Bruch:</u> Muschelig. <u>Kristallform:</u> Trigonal, prismatisch, derb, dicht, strahlig, gebändert. <u>Tenazität:</u> Spröde. <u>Vorkommen:</u> Gemengteil vieler Gesteine in Drusen und auf Klüften, in hydrothermalen Gängen, Pegmatiten.

oben: Amethyst, facettiert
unten: Rauchquarz, facettiert

oben: Bergkristall, facettiert
unten: Rosenquarz, Cabochon

Grobkristalline Quarze

Amethyst: Violett. Facetten- und Cabochonschliff. Unterscheidung: Amethystfarbener synthetischer Korund ist härter. Synthetischer violetter Quarz ist mit einfachen Mitteln nicht zu unterscheiden.

Bergkristall: Farblos, durchsichtig. Facettenschliff. Unterscheidung: Zirkon hat eine sehr hohe Doppelbrechung. Diamant hat eine sehr hohe Lichtbrechung (ein viel stärkeres Feuer), ebenso Zirkonia, Linobat, Galliant und YAG. Farbloser Saphir ist härter. Glas ist weicher und hat oft Einschlüsse von Luftblasen.

Amethyst-Kristalle (Mexiko)

Rauchquarz: Rauchbraun durchsichtig bis schwarz (Morion). Facettenschliff. <u>Unterscheidung:</u> Verwechslung kaum möglich.
Rosenquarz: Rosa. Facetten- und Cabochonschliff. <u>Unterscheidung:</u> Verwechslung kaum möglich. Morganit ist viel klarer in der Färbung.
Citrin: Gelb. Facetten- und Cabochonschliff. <u>Unterscheidung:</u> Echter Citrin ist sehr selten, meist handelt es sich bei dem im Handel angebotenen Stein um gebrannten Amethyst, der auch als Topas oder *Quarztopas* verkauft wird; er hat eine viel intensivere braungelbe Farbe. Gelber Diamant hat ein viel stärkeres Feuer. Gelber Saphir ist härter.

oben: Chrysopras, Cabochon
unten: Jaspis, Cabochon

oben: Landschaftsjaspis
unten: Tigerauge

Feinkristalline Quarze

Chrysopras: Gelbgrün bis grün, durchscheinend bis undurchsichtig. Cabochonschliff. <u>Unterscheidung:</u> Unverwechselbar.
Landschaftsjaspis: Braun mit dunkleren landschaftsähnlichen Zeichnungen. Cabochonschliff. <u>Unterscheidung:</u> Unverwechselbar.
Jaspis: Rot, gelb, grün, braun, immer undurchsichtig. Jaspis ist durch Einschlüsse verschiedener Fremdmineralien (bis 20%) gefärbt. Cabochonschliff. <u>Unterscheidung:</u> Andere feinkristalline Quarze sind immer leicht durchscheinend.

Mineral: Quarz   **36**

Achat (innen) mit Amethyst (außen)

Tigerauge: Goldgelb bis braun mit faseriger Struktur und Seidenglanz. Es handelt sich um in Quarz eingewachsenen Krokydolith, der durch Oxidation goldgelb bis braun gefärbt ist. Cabochonschliff. <u>Unterscheidung:</u> Unverwechselbar.

Falkenauge: Blau bis graublau. In Quarz eingewachsene, nicht oxidierte Krokydolithfasern. Cabochonschliff. <u>Unterscheidung:</u> Unverwechselbar.

Aventurin: Grün mit weißlichem Schimmer. Blättchen eines grünen Glimmers (Fuchsit) sind im Quarz eingewachsen. Cabochonschliff. <u>Unterscheidung:</u> Unverwechselbar.

oben: **Achat** Dendritenachat
unten: **Moosachat**

Achat: Mehrfarbig gebändert, weiß, braun, blau, grün, gelb, rot, durchscheinend bis undurchsichtig. Sehr vielfältige Formen. Cabochonschliff. <u>Unterscheidung:</u> Unverwechselbar.
Landschaftsachat: Gelbe, schwarze, braune und rote landschaftsähnliche Zeichnungen in milchiger, durchscheinender bis durchsichtiger Grundmasse. Cabochonschliff. <u>Unterscheidung:</u> Unverwechselbar.
Moosachat: Milchige Grundmasse mit Einlagerung von grünen Chloritfäden (Moos) und oft rotem Eisenoxid. Cabochonschliff. <u>Unterscheidung:</u> Unverwechselbar.
Dendritenachat: Baumförmige Dendriten in milchiger Grundmasse. Cabochonschliff. <u>Unterscheidung:</u> Unverwechselbar.

Mineral: Quarz **38**

Achat (DDR)

Heliotrop: Undurchsichtig, grün mit roten Punkten. Cabochonschliff. <u>Unterscheidung:</u> Unverwechselbar.

Chalcedon: Grau bis bläulich, auch grün, oft fein gebändert. Cabochonschliff. <u>Unterscheidung:</u> Unverwechselbar.

Karneol: Rot bis rotbraun, durchscheinend bis undurchsichtig. Cabochonschliff. <u>Unterscheidung:</u> Unverwechselbar. Der im Handel angebotene Karneol ist meist gefärbter Chalcedon; mit einfachen Mitteln nicht zu unterscheiden.

Onyx: Einheitlich schwarz oder schwarz-weiße Lagen. Cabochonschliff. <u>Unterscheidung:</u> Viele Onyxe sind gefärbter Chalcedon. Unterscheidung ist mit einfachen Mitteln nicht möglich. Gebänderter Aragonit, oft als Onyx bezeichnet, ist weicher.

Mineral: Quarz   **39**

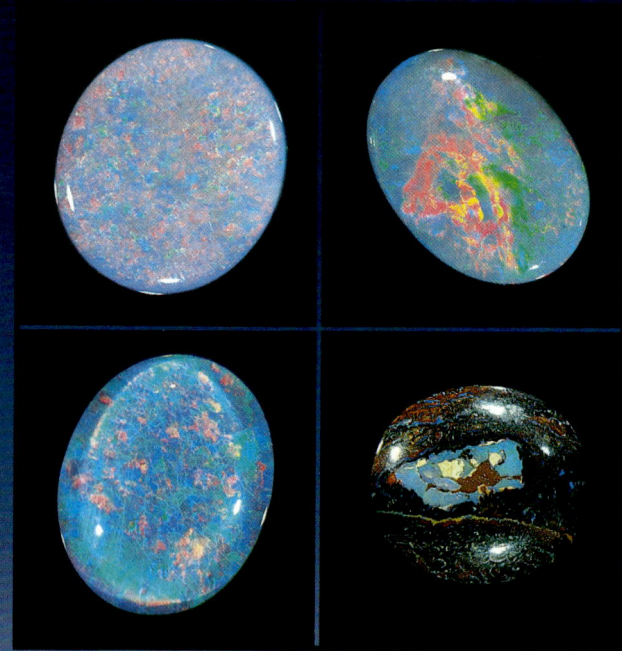

oben: Edelopal
unten: Opal-Triplette

oben: Edelopal
unten: Boulderopal

$SiO_2 \cdot aq.$ Härte: 5,5–6,5. <u>Dichte:</u> 1,98–2,2.
<u>Farbe:</u> Farblos, weiß, rot, schwarz, oft mit buntem Farbenspiel,
durchsichtig bis undurchsichtig. Glasglanz. <u>Strichfarbe:</u> Weiß.
<u>Spaltbarkeit:</u> Keine. <u>Bruch:</u> Uneben bis muschelig. <u>Kristall-</u>
<u>form:</u> Amorph, derb, nierig. <u>Tenazität:</u> Spröde. <u>Vorkommen:</u>
In Hohlräumen vulkanischer Gesteine, in kieselsäurereichen
Sedimentgesteinen.
Edelopal: Milchigweiß, undurchsichtig bis durchscheinend mit
deutlichem Farbenspiel. Cabochonschliff. <u>Unterscheidung:</u>
Tripletten und Dubletten sind beim Betrachten von der Seite
leicht an der häufig schwarz gefärbten Bodenplatte zu er-
kennen.

Hyalit auf Muttergestein (ČSSR)

Hyalit: Farblos, durchsichtig. Selten zu Schmuck verarbeitet. <u>Unterscheidung:</u> Wasseropal zeigt deutliches Farbenspiel.
Gemeiner Opal: Weiß *(Milchopal),* braun, grün, rot, undurchsichtig. Selten zu Schmuck verarbeitet. <u>Unterscheidung:</u> Vom Jaspis mit einfachen Mitteln nicht zu unterscheiden.
Schwarzopal: Schwärzliche Grundmasse mit intensivem Farbenspiel. Cabochonschliff. <u>Unterscheidung:</u> Unverwechselbar; gefärbter Edelopal läßt unter der Lupe eine Verteilung der schwarzen Farbe in einzelne Partien erkennen, während echter Schwarzopal einheitlich schwarz ist.

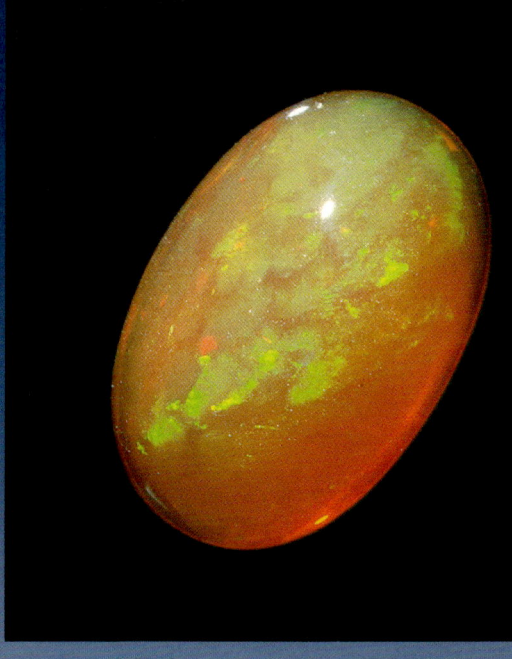

Feueropal, Cabochon

Feueropal: Rot bis orange, durchscheinend bis durchsichtig, mit und ohne Farbenspiel. Facetten- und Cabochonschliff.
<u>Unterscheidung:</u> Karneol ist viel weniger durchsichtig und hat kein Farbenspiel.
Wasseropal: Farblos, durchsichtig bis leicht bläulich mit deutlichem Farbenspiel. Cabochonschliff. <u>Unterscheidung:</u> Unverwechselbar.
Achtung: Opal ist sehr empfindlich gegen Hitze und mechanische Beanspruchung – er ist einer der empfindlichsten Edelsteine. Deshalb darf er beispielsweise nie beim Geschirrspülen getragen werden.

Nephrit, Cabochon

$Ca_2(Mg,Fe)_5[OH/Si_4O_{11}]_2$. <u>Härte:</u> 6,5, sehr zäh. <u>Dichte:</u> 2,90 bis 3,02.
<u>Farbe:</u> Grün, meist mit einem leicht gelblichen Stich, durchscheinend bis undurchsichtig. Glasglanz. <u>Strichfarbe:</u> Weiß.
<u>Spaltbarkeit:</u> Nicht erkennbar. <u>Bruch:</u> Körnig, faserig. <u>Kristallform:</u> Monoklin, faserig, körnig, dicht. <u>Tenazität:</u> Spröde. <u>Vorkommen:</u> In Serpentiniten, in Flußgeröllen.
<u>Verarbeitung:</u> Cabochonschliff. Nephrit wird oft unter dem Namen *Russisch Jade* als Jade verkauft. <u>Unterscheidung:</u> Die mehr gelblich-grüne Farbe des Nephrits ist charakteristisch und erlaubt bei einiger Übung die Unterscheidung von echter Jade.

oben: Weiß-grüne Jade
unten: Jade, Cabochon

oben: Jade, Cabochon
unten: Chloromelanit

NaAlSi$_2$O$_6$. Härte: 7, sehr zäh. Dichte: 3,30–3,36.
Farbe: Weiß, rosa, rot, orange, violett, schwarz, grün, braun, durchscheinend bis undurchsichtig. Glasglanz. Strichfarbe: Weiß. Spaltbarkeit: Nicht erkennbar. Bruch: Körnig. Kristallform: Monoklin, faserig, körnig, dicht, abgerollte Blöcke. Tenazität: Spröde. Vorkommen: In Serpentiniten, in Seifen, als Flußgeröll.
Verarbeitung: Cabochonschliff. Der Name Jade wird für viele andere grüne Steine gebraucht, um deren Wert zu erhöhen.
Unterscheidung: Nephrit ist meist sehr gelblichgrün. Chloromelanit ist mehr smaragdgrün. Schwarzgefleckter Jadeit ist wegen seiner charakteristischen Färbung unverwechselbar.

Violette Jade (Burma)

Jadealbit (auch Maw-sit-sit) ist Albit mit etwa 20% intensiv grünem Chromjadeit, der den weißen Albit grün färbt. Transvaal-Jade, fälschlicherweise als Jade bezeichnet, ist dichter grüner Grossular, der etwas dunkler grün ist als die echte Jade. Echte Jade von guter Qualität ist sehr teuer. Sie wird praktisch nur in Burma gefunden. Auch die fälschlicherweise so bezeichnete China- oder Yünnan-Jade stammt aus Burma und wurde von dort nach China geliefert. Jade wird auch zur Herstellung von Kunstgegenständen (Figuren, Gefäßen) verwendet. Weltberühmt sind die chinesischen Jadeschnitzereien.

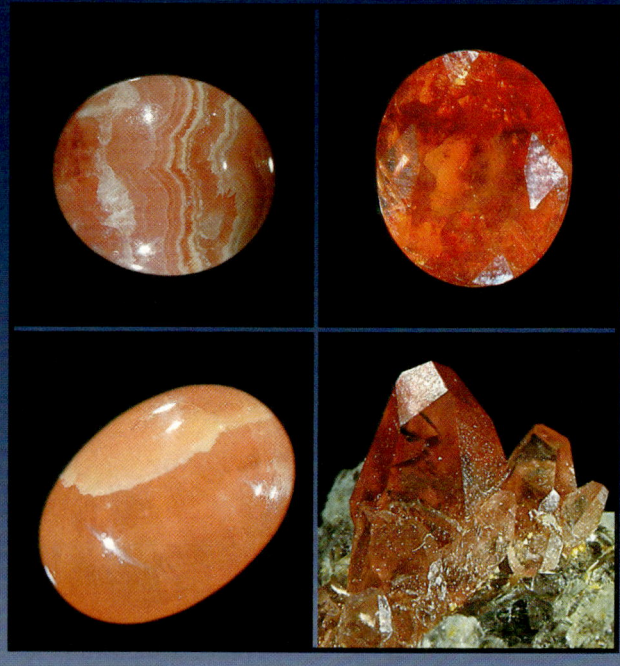

**oben: Gebänderter,
unten: Ungebänderter Rhodochrosit – beide als Cabochon**

**oben: Rhodochrosit, facettiert
unten: Skalenoedrische
Rhodochrosit-Kristalle**

$MnCO_3$. Härte: 4. Dichte: 3,45–3,70.
Farbe: Verschiedene Rosatöne, hellrot, oft mit deutlicher Bän-
derung, meist undurchsichtig, selten durchscheinend bis durchsichtig, dann intensiv rot. Glasglanz. Strichfarbe: Weiß. Spaltbarkeit: Nach dem Rhomboeder vollkommen. Bruch: Spätig,
körnig, dicht. Kristallform: Trigonal, rhomboedrische und skalenoedrische Kristalle, kugelige Aggregate (Himbeerspat), oft
nierige bis stalaktitische Formen, gebänderte Massen, körnig,
derb, dicht. Tenazität: Spröde. Vorkommen: In hydrothermalen Gängen, oft als junge Bildung andere Mineralien überkru-
stend. Das wichtigste Vorkommen ist eine alte Silbermine in
Argentinien, die im 13. Jahrhundert von den Inkas abgebaut

Mineral: Rhodochrosit   46

Rhomboedrische Rhodochrosit-Kristalle (Mexiko)

wurde. Erst nachdem die Mine verlassen war, hat sich der Rhodochrosit in tropfsteinartigen Gebilden entwickelt – er ist also nicht älter als etwa 700 Jahre.

Verarbeitung: Meist zu Cabochons verschliffen, nur die sehr seltenen durchsichtigen Kristalle werden facettiert geschliffen. Rhodochrosit wird oft zu größeren Gegenständen (Kugeln, Schalen, Aschenbechern) verarbeitet, weil dabei die schöne Zeichnung besonders gut zur Geltung kommt. Unterscheidung: Verwechslung kaum möglich. Rhodonit ist dunkler rot und zeigt fast immer einen Stich ins Violette.

oben: Mondstein, Cabochon **oben: Labradorit, Cabochon**
unten: Amazonit-Platte, geschliffen

Feldspäte bilden eine Gruppe von Mischkristallen, die aus drei theoretischen Endgliedern aufgebaut sind:
Kalifeldspat (Orthoklas) $KAlSi_3O_8$ – **Natronfeldspat (Albit)** $NaAlSi_3O_8$ – **Kalkfeldspat (Anorthit)** $CaAl_2Si_2O_8$.
<u>Härte</u>: 6. <u>Dichte</u>: 2,57–2,62.
<u>Farbe</u>: Farblos, weiß, gelb, rauchbraun, schwarz, grün, durchsichtig bis undurchsichtig. Glasglanz. <u>Strichfarbe</u>: Weiß. <u>Spaltbarkeit</u>: Vollkommen. <u>Bruch</u>: Spätig. <u>Kristallform</u>: Monoklin und triklin, tafelig, prismatisch, spätige Massen. <u>Tenazität</u>: Spröde. <u>Vorkommen</u>: In magmatischen Gesteinen, Pegmatiten, auf Klüften.
<u>Verarbeitung</u>: Facettenschliff (Gelber Orthoklas, Sanidin) und

Adular(Kalifeldspat)-Kristalle mit grünem Chloritüberzug

Cabochonschliff (Amazonit, Labradorit, Mondstein).
Mondstein: Farblos bis milchigweiß mit bläulichem Licht-
schein. <u>Unterscheidung:</u> Unverwechselbar.
Labradorit: Braun, schwarz, grau mit blauem Farbenspiel.
<u>Unterscheidung:</u> Unverwechselbar.
Amazonit: Grün, undurchsichtig. <u>Unterscheidung:</u> Unver-
wechselbar.
Sanidin: Farblos, rauchbraun, durchsichtig. <u>Unterscheidung:</u>
Weicher als praktisch alle anderen farblosen Edelsteine.
Gelber Orthoklas: Gelb, durchsichtig. <u>Unterscheidung:</u> Topas,
Korund, Chrysoberyll und Beryll sind viel härter. Zirkon hat
eine hohe Doppelbrechung.

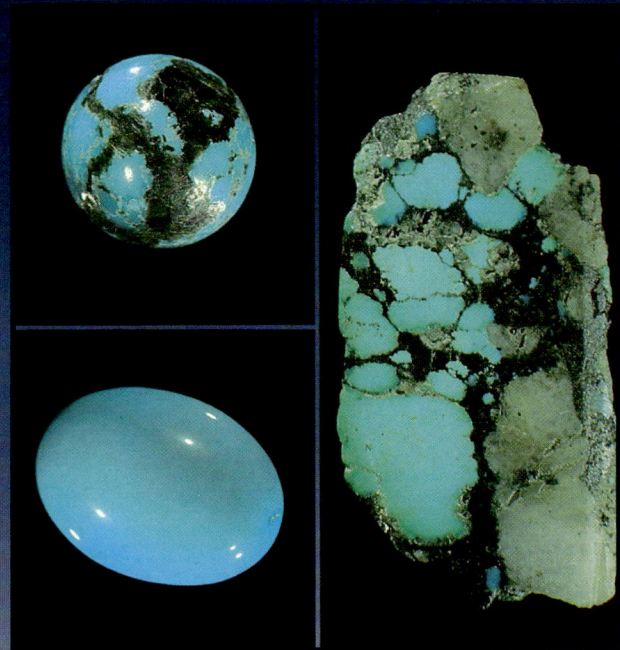

oben: Türkis mit schwarzer Aderung, Cabochon **Matrix-Türkis**
unten: Türkis, Cabochon

$CuAl_6[(OH)_2/PO_4]_4 \cdot 4 H_2O$. Härte: 6. Dichte: 2,50–2,85.
Farbe: Türkisblau, seltener grünlich, oft mit schwarzer Aderung, undurchsichtig. Wachsglanz bis matt. Strichfarbe: Weiß.
Spaltbarkeit: Keine. Bruch: Uneben. Kristallform: Triklin, nierig, derb. Tenazität: Spröde. Vorkommen: Auf Klüften und Spalten in zersetzten aluminiumreichen Gesteinen.
Verarbeitung: Bevorzugt Cabochonschliff. Unterscheidung: Mit Kunstharz getränkter Türkis weist beim Ritzen mit einer glühenden Nadel eine deutliche Ritzspur und Harzgeruch auf; mit Kunstharz verfestigtes Türkispulver verhält sich ebenso. Gefärbter Magnesit ist weicher, verfärbt sich beim Betupfen mit Salzsäure.

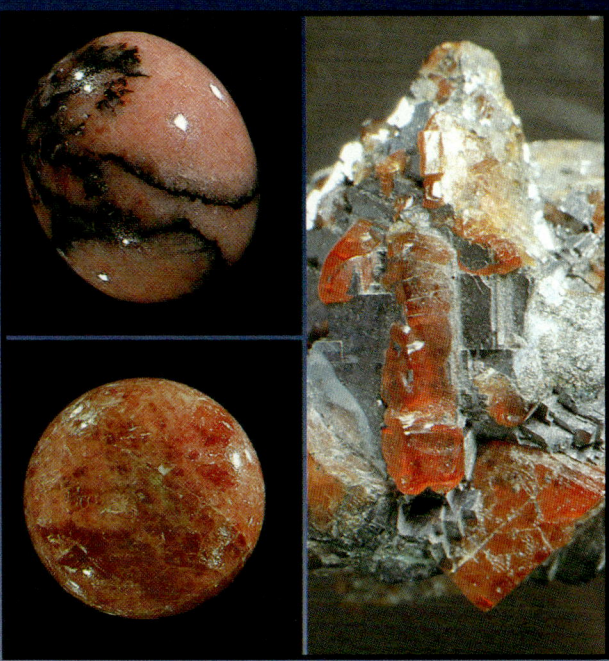

oben: Rhodonit mit schwarzer Aderung, Cabochon   **Rhodonit-Kristalle (Australien)**
unten: Rhodonit, Cabochon

$CaMn_4[Si_5O_{15}]$. <u>Härte:</u> 5½–6½. <u>Dichte:</u> 3,73.
<u>Farbe:</u> Rot, fleischrot, rosa, meist mit bläulichem Stich, schwarze Aderung durch Manganoxide, undurchsichtig. Glasglanz. <u>Strichfarbe:</u> Weiß. <u>Spaltbarkeit:</u> Vollkommen, aber in den dichten Aggregaten oft nicht erkennbar. <u>Bruch:</u> Körnig, spätig. <u>Kristallform:</u> Triklin, dicktafelig, körnig, derb. <u>Tenazität:</u> Spröde. <u>Vorkommen:</u> In metamorphen Mangan-Lagerstätten.
<u>Verarbeitung:</u> Bevorzugt Cabochonschliff. <u>Unterscheidung:</u> Verwechslung kaum möglich. Rhodochrosit ist mehr rosa, er zeigt nie einen Blaustich und keine schwarze Aderung.

oben: Malachit, Cabochon
unten: Malachit-Azurit,
Cabochon

oben: Gebänderter Malachit,
Cabochon
unten: Malachit-Kristalle

$Cu_2[(OH)_2/CO_3]$. Härte: 4. Dichte: 4,0.
Farbe: Grün. Oft mit sehr schönen Zeichnungen aus heller und dunkler grünen Partien, häufig sind konzentrische Kreise und Bänderstrukturen; undurchsichtig. Glasglanz. Strichfarbe: Grün. Spaltbarkeit: Nicht erkennbar. Bruch: Uneben, faserig. Kristallform: Monoklin, nadelig, nierige, traubige, krustige Aggregate, manchmal auch stalagmitische und stalaktitische Bildungen, derb, erdig. Tenazität: Spröde. Vorkommen: In der Oxidationszone von Kupferlagerstätten, manchmal in großen gebänderten Massen.
Verarbeitung: Cabochonschliff, die größeren Stücke werden oft zur Herstellung von Kunstgegenständen (Schalen, Tisch-

Nadelige Malachit-Kristalle (Namibia)

platten, Figuren) verwendet. Malachit ist häufig mit dem tief-
blauen **Azurit,** $Cu_3[(OH)/CO_3]_2$, verwachsen und wird dann oft
zu blaugrün gefärbten Cabochons verschliffen. Wegen der
geringen Härte sind beide Steine recht empfindlich, Cabochons
verlieren, speziell als Ringsteine, schnell ihre Politur. <u>Unter-
scheidung:</u> Chrysokoll und Türkis sind mehr blau als grün.
Früher stammte der zu Schmuck und für Kunstgegenstände ver-
arbeitete Malachit hauptsächlich aus den Kupferlagerstätten im
Ural; heute dagegen kommt nahezu aller verwendete Malachit
aus Zaire, Afrika.

Chrysokoll, Cabochon

$CuSiO_3 + aq.$ <u>Härte:</u> 2–4. <u>Dichte:</u> 2,0–2,2.
<u>Farbe:</u>Hellblau, blau, grünlichblau, undurchsichtig. Glasglanz,
etwas fettig. <u>Strichfarbe:</u> Grünlich. <u>Spaltbarkeit:</u> Keine. <u>Bruch:</u>
Muschelig. <u>Kristallform:</u> Meist amorph, traubig, krustig, derb,
meist verwachsen mit anderen Kupfermineralien wie Azurit,
Türkis, Malachit. <u>Tenazität:</u> Spröde. <u>Vorkommen:</u> In der Oxidationszone von Kupferlagerstätten.
<u>Verarbeitung:</u> Cabochonschliff. <u>Unterscheidung:</u> Türkis zeigt
einen anderen Blauton und ist härter. Malachit ist mehr grün,
Azurit viel dunkler blau; beide brausen mit Salzsäure.

Mineral: Chrysokoll   54

Chiastolith, Querschnitt (Spanien)

Al_2SiO_5. Härte: 7,5. Dichte: 3,15–3,17.
<u>Farbe:</u> Braun mit Stich ins Violette, rötlich, gelblich, weiß, grau, durchsichtig bis undurchsichtig mit schwarzem Kreuz (Chiastolith), durchsichtig ohne Kreuzzeichnung (Andalusit). Glasglanz. <u>Strichfarbe:</u> Weiß. <u>Spaltbarkeit:</u> Meist schlecht erkennbar. <u>Bruch:</u> Uneben bis muschelig. <u>Kristallform:</u> Orthorhombisch, prismatisch. <u>Tenazität:</u> Spröde. <u>Vorkommen:</u> In Pegmatiten und kristallinen Schiefern.
<u>Verarbeitung:</u> Facettenschliff (wenn durchsichtig), Cabochonschliff (Chiastolith). <u>Unterscheidung:</u> Chiastolith ist wegen seiner typischen Kreuzzeichnung unverwechselbar. Facettierter Andalusit ist bei Tageslicht nicht grünlich wie Alexandrit.

Mineral: Andalusit   **55**

Lapis-Lazuli, Cabochon

$Na_8[S/(AlSiO_4)_6]$. Härte: 5–6. Dichte: 2,38–2,42.
Farbe: Blau, oft mit weißen (Calcit) und goldgelben (Pyrit)
Einschlüssen, undurchsichtig. Glasglanz, auf dem Bruch Fett-
glanz. Strichfarbe: Blau. Spaltbarkeit: Kaum erkennbar.
Bruch: Muschelig bis uneben. Kristallform: Kubisch, selten
Kristalle, meist körnig, derb. Tenazität: Spröde. Vorkommen:
In Marmoren.
Verarbeitung: Cabochonschliff, häufig zur Herstellung größe-
rer Kunstgegenstände verwendet. Unterscheidung: Sodalith ist
mehr dunkelblau mit violettem Stich, Azurit ist viel weicher.
Gefärbter Lapis-Lazuli färbt beim Abreiben mit Alkohol oder
Aceton den Wattebausch blau. Gefärbter Jaspis hat keine Pyrit-

Lapis-Lazuli-Kristalle in weißem Marmor (Afghanistan)

einschlüsse, aber meist Einlagerungen oder feine Adern von Quarz. Um Echtheit vorzutäuschen, wird in den künstlichen Lapis-Lazuli Pyrit eingebracht – beim Betrachten mit der Lupe als Bruchstücke erkennbar –, während im echten Lapis-Lazuli immer wieder Kristallquerschnitte sichtbar werden.
Wirklich guter, tiefblauer Lapis-Lazuli wird praktisch nur in den afghanischen Vorkommen gefunden, während die chilenischen und russischen Fundorte meist nur blasser gefärbtes, minderwertiges Material geliefert haben.

Sodalith, Cabochon

$Na_8[Cl_2/(AlSiO_4)_6]$. Härte: 5–6. Dichte: 2,3.
Farbe: Farblos, weiß, grau, dunkelblau mit Stich ins Violette (nur diese Farbvarietät wird zu Schmuck verwendet), meist undurchsichtig. Glasglanz, auf dem Bruch Fettglanz. Strichfarbe: Weiß. Spaltbarkeit: Meist nicht erkennbar. Bruch: Muschelig, körnig. Kristallform: Kubisch, meist derb. Tenazität: Spröde. Vorkommen: In vulkanischen Gesteinen, in Marmoren.
Verarbeitung: Cabochonschliff, oft zur Herstellung von Kunstgegenständen verwendet. Unterscheidung: Lapis-Lazuli zeigt ein Blau ohne Violettstich.

Mineral: Sodalith   58

Schneeflocken-Obsidian

Obsidian ist ein Gesteinsglas, das bei der schnellen Erstarrung von glutflüssigem Magma entsteht.

Härte: 5. Dichte: 2,30–2,45.

Farbe: Schwarz, braun, zum Teil mit weißen Flecken, undurchsichtig. Glasglanz. Strichfarbe: Weiß. Spaltbarkeit: Keine. Bruch: Muschelig. Kristallform: Amorph, derb. Tenazität: Spröde. Vorkommen: In Vulkangebieten.

Verarbeitung: Cabochonschliff, häufig zu größeren Kunstgegenständen (Schalen, Figuren) verschliffen. Unterscheidung: Schwarzes Glas zeigt keinerlei Einschlüsse.

oben: Hämatit, Cabochon
unten: Hämatit, roter Glaskopf

oben: Dicktafelige Hämatit-Kristalle

Blutstein
Fe₂O₃. <u>Härte:</u> 6,5. <u>Dichte:</u> 5,2–5,3.
<u>Farbe:</u> Schwarz mit starkem Metallglanz, rot, undurchsichtig.
Metallglanz bis matt. <u>Strichfarbe:</u> Rot bis rotbraun, nur in Ausnahmefällen schwarz. <u>Spaltbarkeit:</u> Keine, aber oft blättrige Absonderung. <u>Bruch:</u> Muschelig. <u>Kristallform:</u> Trigonal, dicktafelig bis dünntafelig; seltener isometrisch, oft blättrige Aggregate, radialstrahlig, nierig mit glatter Oberfläche (roter Glaskopf), derb, erdig, körnig. <u>Tenazität:</u> Spröde. <u>Vorkommen:</u> In hydrothermalen Gängen, in kontaktmetasomatischen Lagerstätten, in metamorphen Gesteinen, auf Klüften, hier oft in rosettenartigen Aggregaten (Eisenrosen).

Tafelige Hämatit-Kristalle (Eisenrosen)

<u>Verarbeitung:</u> Bevorzugt Cabochonschliff, wozu selten Kristalle verwendet werden, sondern meist die glaskopfartigen nierigen Aggregate. <u>Unterscheidung:</u> Der oft ebenfalls verschliffene Magnetit ist magnetisch, hat einen schwarzen Strich und immer einen eher bräunlichen Metallglanz, der allerdings nur im direkten Vergleich erkennbar ist.

Ein Großteil des heute verkauften Hämatitschmucks – vor allem in den unteren Preisklassen – besteht zumindest teilweise aus Magnetit, der in den brasilianischen Lagerstätten zusammen mit Hämatit vorkommt. Erst in jüngster Zeit wird mit Pyrit verwachsener Hämatit verschliffen, was aparte gold-schwarz gesprenkelte Steine ergibt.

Mineral: Hämatit   **61**

**oben: Geschliffener Pyrit
unten: Gestreifte Pyrit-Würfel**

**oben: Pyrit-Kugel im Ton-
schiefer; unten: Pyrit-Pentagon-
dodekaeder**

FeS_2. Härte: 6–6,5. Dichte: 5,0–5,2.
Farbe: Goldgelb bis messinggelb, undurchsichtig. Metallglanz.
Strichfarbe: Schwarz. Spaltbarkeit: Keine. Bruch: Muschelig.
Kristallform: Kubisch, Würfel, Pentagondodekaeder, derb.
Tenazität: Spröde. Vorkommen: In hydrothermalen Gängen,
in kontaktmetasomatischen Lagerstätten.
Verarbeitung: Cabochon- und Facettenschliff. Schmuck mit
Pyrit war besonders zur Zeit des Art deco (1920–1940) sehr
beliebt; er wurde als Markasit-Schmuck bezeichnet, obwohl es
sich beim Rohmaterial praktisch immer um den kubischen Pyrit
und nicht um den orthorhombischen Markasit gleicher Zusammensetzung handelte. Unterscheidung: Unverwechselbar.

Mineral: Pyrit   **62**

Glas, facettiert

Simili, Straß
Härte: 5–6. Dichte: 3,2–3,8.
Farbe: Farblos, je nach Zusatz verschieden gefärbt, durchsichtig. Glasglanz. Strichfarbe: Weiß. Spaltbarkeit: Keine. Bruch: Muschelig. Kristallform: Amorph. Tenazität: Spröde.
Verarbeitung: Facettenschliff. Glas dient als Imitation farbloser Steine. Unterscheidung: Alle farblosen Steine sind härter. Zirkon zeigt eine hohe Doppelbrechung. Diamant hat eine viel höhere Lichtbrechung. Glas wird oft auf der Rückseite mit einer reflektierenden Schicht überzogen, die eine höhere Lichtbrechung vortäuschen soll – diese Schicht ist beim Betrachten des Steins von der Rückseite leicht zu erkennen.

Glas   63

YAG

$Y_3Al_5O_{12}$. <u>Härte:</u> 8. <u>Dichte:</u> 4,57.
<u>Farbe:</u> Farblos, durchsichtig. Diamantglanz. <u>Strichfarbe:</u>
Weiß. <u>Spaltbarkeit:</u> Keine. <u>Bruch:</u> Muschelig. <u>Kristallform:</u>
Kubisch. Dispersion sehr hoch. Lichtbrechung hoch. <u>Tenazität:</u>
Spröde.
<u>Verarbeitung:</u> Facettenschliff. YAG dient als Diamantersatz.
<u>Unterscheidung:</u> Diamant ist härter und hat kein so buntes Far-
benspiel. Bergkristall hat eine niedrigere Lichtbrechung und
kein buntes Farbenspiel. Zirkon hat eine hohe Doppelbrechung. Linobat und Galliant zeigen ein noch stärkeres Farbenspiel, Zirkonia hat noch stärkeres Feuer.

Yttrium-Aluminium-Granat　　　　　　　　　**64**

Linobat

LiNbO$_3$. Härte: 5. Dichte: 4,64.
Farbe: Farblos, durchsichtig. Diamantglanz. Strichfarbe:
Weiß. Spaltbarkeit: Keine. Bruch: Muschelig. Kristallform:
Kubisch. Lichtbrechung sehr hoch. Hohe Dispersion. Tenazität: Spröde.
Verarbeitung: Facettenschliff. Linobat dient als Diamantersatz. Unterscheidung: Diamant ist viel härter und hat kein so buntes Farbenspiel. Bergkristall hat ebenfalls kein buntes Farbenspiel. Zirkon hat eine hohe Doppelbrechung. YAG und Zirkonia sind viel härter. Titania hat einen mehr bräunlichen Farbstich.

Zirkonia

$ZrO_2 \cdot Y_2O_3$. <u>Härte:</u> 8,5. <u>Dichte:</u> 5,7.
<u>Farbe:</u> Farblos, durchsichtig. Diamantglanz. <u>Strichfarbe:</u>
Weiß. <u>Spaltbarkeit:</u> Keine. <u>Bruch:</u> Muschelig. <u>Kristallform:</u>
Kubisch. <u>Tenazität:</u> Spröde.
<u>Verarbeitung:</u> Facettenschliff. Zirkonia dient als Diamanter-
satz. <u>Unterscheidung:</u> Diamant hat kein so buntes Farbenspiel.
Zirkon hat eine hohe Doppelbrechung; gleiches gilt für Titania.
Linobat hat eine viel geringere Härte.

Galliant (GGG)

Gd$_3$Ga$_5$O$_{12}$. Härte: 6. Dichte: 4,25.
Farbe: Farblos mit ganz leicht bräunlichem Stich, durchsichtig.
Diamantglanz. Strichfarbe: Weiß. Spaltbarkeit: Keine. Bruch:
Muschelig. Kristallform: Tetragonal. Lichtbrechung sehr hoch.
Hohe Dispersion. Tenazität: Spröde.
Verarbeitung: Facettenschliff. Galliant dient als Diamantersatz. Unterscheidung: Diamant ist härter und hat keine Doppelbrechung, er zeigt auch kein buntes Farbenspiel. Zirkon ist
härter und hat kein buntes Farbenspiel; gleiches gilt für Bergkristall. YAG und Zirkonia sind härter. Linobat ist viel weicher.

Rubin-Kristall, künstlich hergestellt

Al_2O_3. <u>Härte:</u> 9. <u>Dichte:</u> 3,99.
<u>Farbe:</u> Farblos, aber durch geringe Beigaben anderer Substanzen in praktisch jeder gewünschten Farbe herstellbar, durchsichtig. Glasglanz. <u>Strichfarbe:</u> Weiß. <u>Spaltbarkeit:</u> Keine.
<u>Bruch:</u> Muschelig. <u>Kristallform:</u> Trigonal. <u>Tenazität:</u> Spröde.
<u>Verarbeitung:</u> Facettenschliff. Synthetischer Korund wird nach dem Verneuil-Verfahren aus der Schmelze hergestellt. <u>Unterscheidung:</u> Synthetischer Korund unterscheidet sich von den natürlichen Korunden durch die gebogenen Anwachsstreifen, die manchmal schon mit einfachen Mitteln zu erkennen sind; auch die hohe »Qualität« und die Einschlußfreiheit weisen auf die Synthese hin.

Synthetischer Spinell

MgO·3,3Al$_2$O$_3$. Härte: 8. Dichte: 3,63–3,64.
Farbe: Kann durch Zusatz passender Substanzen in jeder gewünschten Farbe hergestellt werden, durchsichtig. Glasglanz. Strichfarbe: Weiß. Spaltbarkeit: Keine. Bruch: Muschelig. Kristallform: Kubisch. Tenazität: Spröde.
Verarbeitung: Facettenschliff. Synthetischer Spinell wird meist nach dem Verneuil-Verfahren aus der Schmelze hergestellt.
Unterscheidung: Fluoresziert bei Bestrahlung mit UV-Licht kräftig; daran erkennt man zum Beispiel den aquamarinblau gefärbten synthetischen Spinell, der häufig als Aquamarin verkauft wird.

Durchsichtige Edelsteine, die man verwechseln kann

Synthesen und Imitationen sind in dieser Tabelle nicht aufgeführt – Unterscheidungsmerkmale dieser Steine finden Sie auf den Seiten 63 bis 69.

	Diamant	Rubin	Saphir	Saphir gelb	Saphir rosa	Spinell	Aquamarin	Smaragd	Heliodor	Morganit	Rubellit	Verdelith	Indigolith
Diamant													
Rubin						×							
Saphir													×
Saphir gelb													
Saphir rosa										×	×		
Spinell		×											
Aquamarin													
Smaragd												×	
Heliodor													
Morganit					×						×		
Rubellit										×			
Verdelith								×					
Indigolith			×										
Topas farblos	×												
Topas braun													
Topas blau						×							
Chrysoberyll													
Kunzit					×					×	×		
Hiddenit													
Zirkon farblos	×												
Zirkon blau						×							
Zirkon braun													
Pyrop		×											
Almandin		×											
Hessonit													
Grossular braun													
Grossular grün												×	
Peridot												×	
Bergkristall	×												
Amethyst													
Rauchquarz													
Rosenquarz											×		
Citrin				×					×				

Topas farblos	Topas braun	Topas blau	Chrysoberyll	Kunzit	Hiddenit	Zirkon farblos	Zirkon blau	Zirkon braun	Pyrop	Almandin	Hessonit	Grossular braun	Grossular grün	Peridot	Bergkristall	Amethyst	Rauchquarz	Rosenquarz	Citrin
×						×									×				
									×	×									
			×																×
				×														×	
									×	×									
		×					×												
														×					
																			×
					×													×	
					×														
						×										×			
							×					×	×						×
								×											
					×									×	×				
																		×	
			×																
×																×			
	×											×	×						
											×								
									×										
	×						×					×							
	×						×						×						
														×					
			×												×				
×						×													
				×															
	×																		

Kleine Edelsteinkunde

Grundwissen für den Edelsteinliebhaber von A–Z

Aggregat: Verwachsung mehrerer Kristalle. Aggregate können kugelig, faserig, nierig oder radialstrahlig sein.

Amorph sind Mineralien, die keine Kristallstruktur aufweisen, deren Atome also nicht innerhalb des ganzen Körpers geregelt angeordnet sind.

Anwachsstreifen: Schichtige Streifen im Kristall, die Zonen unterschiedlichen Wachstums wiedergeben. Beim natürlichen Kristall verlaufen sie parallel zu den Kristallflächen. Nach dem → Verneuil-Verfahren hergestellte künstliche Edelsteine haben gebogene Anwachsstreifen, an denen sie von natürlichen Kristallen zu unterscheiden sind.

Aragonit ($CaCO_3$) ist ein Mineral, das oft in gebänderten Massen auftritt, die dann fälschlich als Onyx bezeichnet werden.

Asterismus: Erscheinung, die auf manchen rundlich bis kugelig glatt geschliffenen Steinen entsteht, wenn sie mit einer punktförmigen Lichtquelle bestrahlt werden: Auf der Oberfläche erscheint ein Stern.

aufgewachsene Kristalle → eingewachsene Kristalle

Azurit ($Cu_3[OH/CO_3]_2$) ist ein Kupfermineral, das häufig zusammen mit Malachit auftritt. Die blaue Farbe kontrastiert besonders schön zu dem Grün des Malachits.

Als **Basis** (Basispinakoid) wird in der Kristallkunde ein paralleles Flächenpaar senkrecht zur c-Achse bezeichnet. Eine Basis gibt es im tetragonalen, hexagonalen, trigonalen und orthorhombischen → Kristallsystem. Die Basis ist eine offene Form und kann nur kombiniert mit anderen Formen auftreten, zum Beispiel mit Prismen, die sie wie ein »Deckel« schließt.

Begleitmineralien: Mineralien, die mit dem beschriebenen Mineral in einer → Paragenese auftreten.

Bernstein: Verfestigtes fossiles Harz, das zu Schmuck verschliffen wird.

Bestrahlung: Einwirkung von Strahlen wie Röntgen- und Gammastrahlen auf Schmuck- und Edelsteine. Dadurch kann die Färbung der Steine künstlich verändert werden.

Bipyramide → Dipyramide

Böhmischer Granat: Volkstümlicher Name für Pyrop, der in Böhmen gefunden wurde.

Brechungsindex: Eine Zahl, die angibt, wie stark die → Lichtbrechung einer Substanz ist.

Brennen → Seite 5

Brillant → Diamant-Brillant

Brillantschliff → facettiert → Diamant-Brillant (→ auch Seite 4)

Bruch: Unter Bruch versteht man alle Trennungsflächen, deren Form muschelig, splittrig, körnig, faserig, spätig, uneben, hakig sein kann. Nicht zu verwechseln mit der → Spaltbarkeit. Eine Spaltfläche ist keine Bruchfläche. Bei Mineralien mit vollkommener Spaltbarkeit gibt es oft keine echten Bruchflächen.

bunt → Dispersion

Beim **Cabochon-Schliff** werden rundliche Körper mit ebener Basisfläche geschliffen (→ auch Seite 5).

Calcit ($CaCO_3$) ist ein Mineral mit der gleichen Zusammensetzung wie der Aragonit, es bildet ebenfalls gebänderte Massen, die oft fälschlich als Onyx bezeichnet werden.

changieren: Bezeichnung für den Farbwechsel bei Beleuchtung mit künstlichem Licht oder Sonnenlicht.

Chatoyance: Auftreten eines wogenden Lichtschimmers auf einem gewölbt geschliffenen Stein, der bei Bewegen der Lichtquelle über den Stein wandert.

Die **chemische Zusammensetzung** eines Minerals, die in der **chemischen Formel** angegeben ist, läßt sich durch Nachweisreaktionen zumindest qualitativ bestimmen. Deren Darstellung würde aber den Rahmen des Edelsteine-Kompaß sprengen, deshalb ist auf Spezialbücher verwiesen (→ Seite 79). Die Kenntnis der chemischen Zusammensetzung ist für unser Bestimmungssystem nicht unbedingt notwendig.

Chlorit ist ein grünes Silikatmineral, das manchmal in Edel- oder Schmucksteinen eingewachsen ist. Im Moosachat ruft es zum Beispiel die moosartigen grünen Strukturen hervor.

Chloromelanit: Silikatmineral, das dem Jadeit sehr nahe verwandt ist und die gleichen Eigenschaften aufweist wie dieser.

ct: Abkürzung für → Karat

Dendriten: Skelettkristalle, die aus übersättigten Lösungen, oft in dünnen Spalten, entstehen. Sie ähneln häufig Pflanzen wie Moos, Bäumen oder Sträuchern. Manganoxide, Silber, Kupfer und Gold bilden besonders oft Dendriten.

derb: Bezeichnung für Mineralien, die nicht von Kristallflächen (→ Kristalle), sondern nur von unregelmäßigen Bruchflächen (→ Bruch) oder Spaltflächen (→ Spaltbarkeit) begrenzt sind.

Diamant-Brillant: Ein als Brillant geschliffener Diamant. Er wird oft fälschlich lediglich als Brillant bezeichnet (→ auch Seite 5).

Unter der **Dichte** einer Substanz (zum Beispiel eines Minerals) versteht man das Gewicht eines Würfels dieser Substanz mit 1 cm Kantenlänge in Gramm. Eine genaue Bestimmung der Dichte verlangt Präzisionsgeräte, die der Laie meist nicht besitzt. Größere Dichten lassen sich mit einiger Übung durch Abwägen mit der Hand, Unterschiede durch eventuelles Vergleichen leicht feststellen.

Dipyramide (auch Bipyramide) ist eine Kristallform aus zwei Pyramiden, die mit ihren Basen aufeinanderliegen.

Dispersion: Zerlegung des Lichts in seine verschiedenfarbigen Komponenten beim Durchgang durch einen Stein. Hohe Dispersion bedingt »Feuer« und Farbenspiel, zum Beispiel des Diamanten.

Doppelbrechung: Ein in das Kristall hindurchtretender Lichtstrahl wird in zwei senkrecht zueinander polarisierte Strahlen gespalten. Der ordentliche Strahl tritt beim senkrechten Einfall geradlinig durch den Kristall, während der außerordentliche Strahl abgelenkt wird. Bei schrägem Einfall wird auch der ordentliche Strahl abgelenkt. Der → Brechungsindex ist für die beiden Strahlen unterschiedlich. Diese Erscheinung läßt sich unter dem Mikroskop bei allen, außer den kubischen und → amorphen Mineralien, feststellen. Auch viele Edelsteine sind mehr oder weniger stark doppelbrechend. Bei facettierten transparenten Steinen mit einer sehr hohen Doppelbrechung läßt sich das leicht feststellen: Beim Betrachten des Steins – notfalls mit der Lupe – durch die geschliffene → Tafel erscheinen die Kanten der hinteren Facetten doppelt. Auf diese Weise kann man Edelsteine, die sich sonst recht ähnlich sind, oft leicht unterscheiden, beispielsweise farblosen Zirkon und Peridot (hohe Doppelbrechung) von ihren Doppelgängern Bergkristall beziehungsweise Chrysoberyll.

Drillinge: Gesetzmäßige Verwachsungen dreier Kristalle der gleichen Mineralart.

Drusen: Rundliche Hohlräume im Gestein, in denen Kristalle wachsen.

durchscheinend → durchsichtig

Durchsichtig (transparent) ist ein Kristall, wenn das Licht bei seinem Weg durch den Kristall nicht oder kaum geschwächt wird. Je nach Ausmaß der Lichtschwächung kann der Kristall auch **durchscheinend** oder **opak** (undurchsichtig) sein.

Edelsteinbewertung → Seite 5

eigenfarbig → Farbe

Eilatstein: Handelsname für einen Chrysokoll aus Israel.

Eingewachsene Kristalle sind Kristalle, die rundum von Gestein umgeben sind oder waren, **aufgewachsene Kristalle** dagegen ragen in freie Hohlräume.

Einschlüsse: Substanzen, die während des Wachstums von den Mineralien eingeschlossen werden. Als Einschlüsse können andere Mineralien, Gasblasen, Flüssigkeiten auftreten.

Ergußgesteine → magmatische Gesteine

Erzmineralien sind Mineralien, die sich durch hohe Dichte und metallischen Glanz auszeichnen und zur Gewinnung eines Metalls abgebaut werden.

Facettierte Edelsteine sind so geschliffen, daß sie von lauter ebenen Flächen umgrenzt sind. Der bekannteste Facettenschliff ist der → Brillantschliff.

Facettenschliff → facettiert (→ auch Seite 5)

Färben → Seite 5

Farbe: Ein Mineral der Farbe nach zu bestimmen, sieht auf den ersten Blick einfach aus. Man braucht dazu keine komplizierten Hilfsmittel, gutes Licht genügt. Doch das trifft nur auf die **eigenfarbigen** Mineralien zu. Hier ist die Farbe für das Mineral charakteristisch und auch an verschiedenen Fundorten in etwa gleich. Bei **fremdfarbigen** Mineralien dagegen ist die Farbe nicht charakteristisch für die Mineralart, sie wird durch Fremdeinlagerungen oder Störungen im Kristallbau bestimmt. Sie können von Fundort zu Fundort verschiedene Farben haben, und auch am gleichen Fundort, sogar am gleichen Stück können verschiedene Farben auftreten. Im Steckbrief werden immer die häufigeren Farbvarianten angegeben.

Farbenspiel → Dispersion

Feuer → Dispersion

Fluoreszenz: Erscheinung, bei der Mineralien, wenn sie mit UV-Licht bestrahlt werden, sichtbares Licht aussenden, sie fluoreszieren. Dabei ist aber zu bedenken, daß Einschlüsse von fluoreszierenden Mineralien im Wirtsmaterial eine Fluoreszenz vortäuschen können. Häufig tritt nach dem Ausschalten der UV-Strahlenquelle ein Nachleuchten ein. Diese Eigenschaft wird **Phosphoreszenz** genannt.

Flußgeröll: Abgerollte Gesteinsbruchstücke, im Volksmund Kieselsteine genannt.

fremdfarbig → Farbe

Gang: Ausfüllung einer Spalte im Gestein mit Mineralien, die jünger sind als das Gestein. Das durchbrochene Gestein heißt Nebengestein, die Grenze zum Gang Salband.

Gemengteile: Mineralarten, aus denen ein Gestein zusammengesetzt ist. Hauptgemengteile bauen den überwiegenden Teil eines Gesteins auf und sind in der Größenordnung von vielen Prozenten daran beteiligt. Nebengemengteile haben Anteile von etwa 1 Prozent und weniger.

Gemme: Schmuckstein mit vertiefter Gravur.

Gemmologie: Wissenschaft von den Edelsteinen.

Gestein: Ein aus Mineralien aufgebauter geologischer Körper größerer Ausdehnung (im Meter- und Kilometerbereich). Ein Gestein kann aus nur einer (→ Marmor, Quarzit) oder mehreren Mineralarten (Granit, → Gneis) aufgebaut sein.

Gesteinsglas entsteht, wenn eine Gesteinsschmelze so schnell abkühlt, daß ihre Komponenten nicht auskristallisieren können; es bildet sich eine glasartige Masse, die nicht kristallin ist.

Glanz: Mit dem Auge wahrnehmbarer Gesamteindruck von Brechung und Reflexion des einfallenden Lichtes durch ein Mineral. Jedes Mineral hat seinen speziellen, charakteristischen Glanz. Meßbar ist Glanz nicht, er wird durch die Vergleiche mit Gegenständen des täglichen Lebens beschrieben (zum Beispiel Glasglanz, Fettglanz). Betrachten Sie das Mineral bei starkem Licht, möglichst bei hellem Tageslicht, vermeiden Sie gelbes Licht!

Glaskopf werden nierige, kugelige → Aggregate verschiedener → Mineralien mit glatter Oberfläche genannt. Roter Glaskopf ist zum Beispiel eine → Varietät des Minerals Hämatit.

Glückssteine → Seite 7

Gneis und Glimmerschiefer → Metamorphose

Habitus: Gesamterscheinung eines Kristalls. Ein Kristall der gleichen Kristallform (beispielsweise tetragonales Prisma) kann je nach Habitus zum Beispiel tafelig, isometrisch, säulig, sogar nadelig sein.

Härte: Das Maßsystem zur Feststellung der Härte ist die sogenannte **Mohs'sche Härteskala** – eine Folge von zehn Mineralien, von denen jedes das vor ihm stehende ritzt (im Fachhandel erhältlich):

1	Talk	2	Gips	3	Kalkspat	4	Flußspat	5	Apatit
6	Feldspat	7	Quarz	8	Topas	9	Korund	10	Diamant

Prüfung der Härte: Als erstes nehmen Sie ein Mineral mittlerer Härte (etwa Fluß-spat) aus der Härteskala und untersuchen, ob das zu prüfende Mineral damit geritzt wird, oder – umgekehrt – ob man mit dem zu prüfenden das Mineral der Härteskala ritzen kann. Je nach Ergebnis der Prüfung nehmen Sie weicheren oder härteren Mineralien weiter und können so die Härte des unbekannten Minerals eingrenzen. Haben Sie zum Beispiel festgestellt, daß dieses von Quarz geritzt wird, selbst aber Apatit ritzt, besitzt es die Härte 6. Sie sollten mit möglichst scharfen Kristall- und Bruchkanten prüfen und untersuchen, ob das Mineral auch wirklich geritzt worden ist und nicht etwas Pulver des Prüfminerals die Ritzung vorgetäuscht hat.

Halbedelstein → Seite 4

hexagonales System → Kristallsystem

hydrothermal: Hydrothermaler Entstehung sind Mineralien, die sich aus Lösungen gebildet haben. Hydrothermale Gänge sind Füllungen von Spalten durch aus Lösungen gebildete Mineralien.

Imitation → Seite 6

Isometrische Kristalle zeigen in allen drei Raumrichtungen in etwa die gleiche Längenerstreckung. Idealfall eines isometrischen Kristalls ist zum Beispiel der Würfel.

Isotropisierung tritt auf, wenn das Atomgitter eines Minerals durch → radioaktive Strahlung zerstört wird.

Kamee: Schmuckstein mit erhabener Gravur.

Kaprubin: Falsche Bezeichnung für Pyrop.

Karat: Einheit für die Gewichtsbestimmung von Edelsteinen. Ein Karat = 0,2 g.

Karfunkel: Alte Bezeichnung für feurigrote Edelsteine wie Rubin und Granat.

Katzenauge: Stein, der, als Cabochon geschliffen, eine Lichterscheinung in Form eines Lichtbalkens zeigt. Prinzipiell kann jedes Mineral den Katzenaugeneffekt zeigen, einigermaßen häufig ist er allerdings nur bei Chrysoberyll und Tigerauge.

Kimberlit → Pipes

Klüfte sind Hohlräume, die aufgrund von Spannungszuständen im Gestein entstehen. Sie können ganz oder teilweise mit Mineralbildungen gefüllt sein.

Kluftmineralien entstehen, wenn aufgeheizte Wässer aus Klüften im Gestein zirkulieren, Substanzen aus dem Gestein herauslösen und sie in Form frei kristallisierter Mineralien auf der Kluftwand wieder absetzen.

Konglomerat: Gestein, das aus abgerundeten Bruchstücken anderer Gesteine aufgebaut ist.

Kristall: Von ebenen Flächen begrenzter regelmäßiger Körper.

Kristallform: Sie bietet ein gutes Bestimmungsmerkmal. In den Steckbriefen ist als erstes das → Kristallsystem angegeben, in dem das Mineral kristallisiert. Es folgen Angaben über die wichtigsten Kristallformen, in denen das Mineral auftritt. Manche Mineralien finden sich meist in nur ein oder zwei verschiedenen Kristallformen bei anderen sind es manchmal mehrere hundert, die natürlich nicht alle aufgezählt werden können. Es können auch Kombinationen verschiedener Kristallformen miteinander auftreten, zum Beispiel die Kombination von Würfel und Oktaeder. In den niedrigsymmetrischen Kristallsystemen ist das praktisch immer der Fall. Weiter angegeben wird die Habitusform (→ Habitus).

Einem **Kristallsystem** (Zeichnungen hintere Umschlaginnenseite) gehören alle Kristalle an, die sich auf das gleiche Achsenkreuz beziehen lassen (Ausnahme: hexagonales und trigonales System):

1. *Kubisches System:* Achsenkreuz mit drei gleich langen Achsen, die senkrecht aufeinander stehen. Dieses System ist das höchstsymmetrische.

2. *Tetragonales System:* Zwei Achsen sind gleich lang, eine davon verschieden (c-Achse), alle stehen senkrecht aufeinander.

3. *Hexagonales und trigonales System:* Drei gleiche Achsen liegen in einer Ebene und schneiden sich mit einem Winkel von 60°. Eine davon verschiedene Achse (c-Achse) steht senkrecht auf dieser Ebene. Im hexagonalen System ist die c-Achse eine 6zählige Drehachse, im trigonalen eine 3zählige, das bedeutet, der Kristall kommt nach einer Drehung von 60° beziehungsweise 120° wieder mit sich zur Deckung.

4. *Orthorhombisches System:* Drei ungleich lange Achsen stehen senkrecht aufeinander.

5. *Monoklines System:* Von drei ungleich langen Achsen kreuzen sich zwei schiefwinklig, die dritte steht senkrecht zu den beiden.

6. *Triklines System:* Alle Achsen sind ungleich lang und kreuzen sich schiefwinklig. Dieses System ist das niedrigstsymmetrische.

Krokydolith: Silikat aus der Amphibolgruppe, das in Tigerauge und Falkenauge eingewachsen ist.

kubisches Kristallsystem → Kristallsystem.

Lagenstein: Achat, der eine ebene Schichtung aufweist.

Lagerstätte: Vergesellschaftung von Mineralien an einer bestimmten Stelle des Erdkörpers. Sie zeichnet sich dadurch aus, daß bestimmte Mineralien gegenüber ihrer Umgebung angereichert sind.

Von **Lichtbrechung** spricht man, wenn ein Lichtstrahl in ein anderes Medium eintritt und abgelenkt wird. Das Verhalten des Lichts beim Durchgang durch einen Kristall wird in der Mineralogie oft zur Bestimmung von Mineralien benutzt.

Lupenreinheit → Seite 5

Magma: Geschmolzenes, glutflüssiges Gestein.

Magmatische Gesteine sind Gesteine, die aus der Schmelze entstehen; Gesteine, die im Erdinnern erstarren, heißen **Tiefengesteine; Ergußgesteine** oder **vulkanische Gesteine** erstarren an der Oberfläche.

Magnesit ($MgCO_3$) ist ein Mineral, das häufig blau gefärbt wird, um als Imitation für Türkis dienen zu können.

Magnetismus: Mit einfachen Mitteln ist meist nur der Ferromagnetismus feststellbar. Ferromagnetische Mineralien werden vom Magneten angezogen und lenken selbst die Kompaßnadel ab. Manche Mineralien (zum Beispiel Magnetit) können kleine Eisenfeilspäne anziehen.

Magnetit (Fe_3O_4) ist ein Eisenoxid, das oft zusammen mit Hämatit vorkommt. Magnetit ist allerdings im Unterschied zum Hämatit magnetisch, das heißt, er wird vom Magneten angezogen.

Marmor ist ein metamorpher Kalkstein.

Matrix ist die natürliche Substanz, in die das Schmuckstein- oder Edelsteinmineral eingebettet ist. Manchmal wird die Matrix mit verschliffen, man erhält so Matrixsteine wie Matrixopal oder Matrixtürkis.

metamorphe Gesteine, Metamorphose: Umwandlung von Gesteinen unter der Einwirkung von Druck und/oder Temperatur. Dabei entstehen Gesteine wie → Gneise, Glimmerschiefer und → Marmor.

Als **metasomatisch** bezeichnet man Mineralbildungen, die durch Verdrängung einzelner Mineralien oder ganzer Mineralparagenesen (→ Paragenese) durch andere mit unterschiedlicher Zusammensetzung entstanden sind.

Mineralien sind einheitlich zusammengesetzte Naturkörper und, mit Ausnahme des Quecksilbers, fest. Mineralien sind Elemente oder Verbindungen im chemischen Sinn, sie müssen natürlich entstanden sein. Künstlich hergestellte Substanzen sind keine Mineralien, auch wenn die entsprechende Verbindung in der Natur vorkommt.

Mohs'sche Härteskala → Härte

Monatssteine → Seite 7

monoklines System → Kristallsystem

opak → durchsichtig

orthorhombisches System → Kristallsystem

Oxidationsmineralien, Oxidationszone: Der Bereich einer → Lagerstätte, der dem Einfluß der Verwitterung durch Zutritt von Wasser, Luftsauerstoff und Kohlensäure ausgesetzt ist. In dieser Zone finden sich spezielle Oxidationsmineralien, die aus den vorhandenen → Erzmineralien entstanden sind.

Paragenese: Das durch physikalische und chemische Gegebenheiten bedingte gemeinsame Vorkommen verschiedener Mineralien.

Pegmatit: Grobkörniges Gestein, das hauptsächlich aus Kalifeldspat und Quarz besteht.

Phosphoreszenz → Fluoreszenz

Pipes: Röhrenförmige Aufstiegskanäle von → vulkanischen Gesteinen, insbesondere ultrabasischer Natur. Wirtschaftlich wichtig sind vor allem die **Kimberlit-Pipes,** da der Kimberlit wertvolle Diamanten enthält.

Pleochroismus: Erscheinung, daß Kristalle, aus verschiedenen Richtungen betrachtet, verschiedene Farbtöne zeigen. Pleochroismus ist weit verbreitet, aber meist nur im Dünnschliff unter dem Mikroskop erkennbar.

Pneumatolytische Lagerstätten enthalten Mineralien, die sich aus heißen Gasen gebildet haben.

Radioaktiv sind Elemente, die nicht beständig sind, sondern sich unter Aussendung von Alpha-, Beta- oder Gamma-Strahlen in ein anderes Element umwandeln. Radioaktive Elemente können durch ihre Strahlung das Kristallgitter mehr oder weniger zerstören. Das betreffende Mineral wird → amorph, glasartig (metamikt). Die äußere Kristallform bleibt zwar erhalten, doch werden die Mineralien undurchsichtig, schwärzlich, die → Spaltbarkeit nimmt ab, es zeigt sich ein fettiger, pechartiger → Glanz, der → Bruch wird muschelig. Beim Umgang mit radioaktiven Mineralien ist besondere Vorsicht angebracht!

Rauchtopas: Falsche Bezeichnung für Rauchquarz.

Rondiste: Die Kante zwischen Ober- und Unterteil bei einem im → Brillantschliff geschliffenen Stein.

Salzsäure-Probe (Salzsäure = HCl, erhältlich in der Apotheke): Das zu prüfende Mineral wird mit einem Tropfen HCl benetzt. Vorsicht beim Verwenden von Säuren, sie können auf der Haut Verätzungen hervorrufen! Sofort mit Wasser abspülen!

Sammlersteine → Seite 7

Schliff → Seite 4

Schmucksteine → Seite 4

Sedimente: Ablagerungen von Wind, Flüssen und Meeren; sie können locker (Sand, Schotter) oder verfestigt (Kalkstein, Sandstein) sein.

Seifen: Anreicherungen widerstandsfähiger, meist schwerer Mineralien durch

Wegführung der anderen Gesteinsbestandteile. Je nach Ort und Mechanismus der Anreicherung spricht man von Fluß-, Strand-, Meeres- oder Brandungsseifen. Häufig in Seifen angereicherte Mineralien sind zum Beispiel Gold, Platin, Diamant, Rubin, Saphir, Spinell.

Serpentinit: Gestein, das zum größten Teil aus dem Mineral Serpentin besteht.

Skarn: Kontaktgestein von siliciumreichen Schmelzen mit Kalkstein. Es enthält oft Lagerstätten, die als **kontaktmetasomatische Lagerstätten** bezeichnet werden.

Smaragdschliff: Der beim Smaragd fast ausschließlich verwendete → Treppenschliff.

Die **Spaltbarkeit** beschreibt die Form der Bruchstücke (→ Bruch), wenn man ein Mineral zerschlägt. Es entstehen oft Körper, die von ebenen Flächen, sogenannten Spaltflächen, begrenzt sind. Manchmal wird die Form des Spaltkörpers angegeben zum Beispiel Spaltbarkeit nach dem Würfel. Die Spaltflächen können sich in bestimmten Winkeln, den **Spaltwinkeln,** kreuzen.

Stalagmiten: In Höhlen tropft aus Spalten und Poren oft kalkhaltiges Wasser. An der Aufschlagstelle scheidet sich Kalkspat aus und bildet so zapfenähnliche Gebilde, die immer weiter in die Höhe wachsen. Diese werden Stalagmiten genannt. Von der Decke herabwachsende, also hängende Zapfen nennt man **Stalaktiten.** Unabhängig von der Wachstumsrichtung nennt man all diese Gebilde, die in verschiedensten Formen auftreten und Pflanzen, Tieren, Gebäuden und anderem ähneln können, **Tropfsteine.**

Sternzeichensteine → Seite 7

Die **Strichfarbe** können Sie prüfen, indem sie mit dem Mineral über eine unglasierte Porzellantafel, eine **Strichtafel** (im Mineralienhandel für wenig Geld erhältlich, im Notfall genügt eine unglasierte Porzellanscherbe) streichen – dadurch wird der »Strich« erzeugt. Die Strichfarbe ist charakteristisch für das Mineral und stimmt bei den eigenfarbigen Mineralien (zum Beispiel Azurit, Malachit) meist mit der Mineralfarbe überein. Im Gegensatz dazu haben fremdfarbige Mineralien (bei denen die Farbe durch Beimischung geringer Mengen von Fremdatomen entstanden ist) eine Strichfarbe, die oft nicht mit der Mineralfarbe übereinstimmt. Mineralien, die härter sind als das Material der Strichtafel – also härter als 6 –, erzeugen keinen echten Strich. Sie ritzen nur die Strichtafel und hinterlassen eine weiße Spur von Strichtafelmaterial. Für die Mineralbestimmung ist es ohne Belang, ob die weiße Strichfarbe vom Mineral selbst oder vom Strichtafelmaterial stammt.

Synthese → Seite 6

Tafel: Bei → facettierten Steinen die dem Betrachter zugewandte große Facette.

Tenazität: Bei der Härteprüfung kommt es darauf an, *ob* ein Material geritzt wird oder nicht. Die Tenazität sagt etwas aus über die Art, *wie* eine Substanz auf das Eindringen eines härteren, spitzen Gegenstandes reagiert. Ein Mineral ist spröde, wenn beim Eindringen eines harten Gegenstandes Partikel wegspringen, bleiben sie hingegen am Rand der Ritzspur liegen, so ist das Mineral milde.

tetragonales System → Kristallsystem

Tiefengesteine → magmatische Gesteine

Tracht: Gesamtheit der am betrachteten Kristall auftretenden Kristallflächen.

Treppenschliff: Vor allem bei gefärbten Edelsteinen, zum Beispiel Smaragd und Turmalin, verwendete Schliffart, bei der die rechteckige → Tafel von langgestreckten Facetten (→ facettiert) begrenzt wird.

trigonales System → Kristallsystem

triklines System → Kristallsystem

Triplette → Seite 6

Tropfsteine → Stalagmiten

Varietäten: Abarten eines Minerals, die sich durch eine besondere Ausbildungsform (→ Farbe, → Habitus) unterscheiden.

Verneuil-Verfahren: Seit 1901 angewandtes, von dem französischen Chemiker

Verneuil entwickeltes Verfahren zur Herstellung synthetischer Korunde und Spinelle. Nach diesem Verfahren hergestellte Edelsteine lassen sich an den gebogenen → Anwachsstreifen von den natürlichen Kristallen unterscheiden.

Vulkanische Gesteine entstehen, wenn → Magma an der Erdoberfläche ausfließt und dort erstarrt.

Zwillinge: Kristalle der gleichen Art, die in gesetzmäßiger Weise miteinander verwachsen sind. Durch die Verzwillingung wird eine Erhöhung der Symmetrie gegenüber dem Einzelkristall erreicht. Zwillinge lassen sich oft durch das Vorhandensein von einspringenden Winkeln, die bei Einzelkristallen nicht auftreten können, erkennen.

Bücher und Zeitschriften

Bank, Hermann: *Aus der Welt der Edelsteine*. Pinguin Verlag, Innsbruck, 1971.

Chudoba, K. F., und Gübelin, E. J.: *Edelsteinkundliches Handbuch*. Bonn, 1974.

Eppler, W. F.: *Praktische Gemmologie*. Rühle Diebener Verlag, Stuttgart 1973.

Günther, B.: *Bestimmungstabellen für Edelsteine, Synthesen, Imitationen*. Verlagsbuchhandlung Lenzen, Kirschweiler, 1981.

Henglein, M.: *Lötrohrprobierkunde*. Göschen-Band 483. Verlag Walter de Gruyter & Co, Berlin.

Hochleitner, R.: *Fotoatlas der Mineralien und Gesteine*. Gräfe und Unzer Verlag, München, 1980.

Hochleitner, R.: *Mineralien-Kompaß*. Gräfe und Unzer Verlag, München, 1978.

Schumann, W.: *Edelsteine und Schmucksteine*. BLV, München, 1984.

Schütt, E.: *Umgang mit edlen Steinen*. Rühle Diebener Verlag, Stuttgart, 1983.

Zeitschriften

Lapis. Christian Weise Verlag, München.
Zeitschrift der Deutschen Gemmologischen Gesellschaft. Idar-Oberstein.
The Journal of Gemmology. London.
Gems and Gemology. Sta. Monica, USA.

Dank:
Autor und Verlag danken den Besitzern der abgebildeten Edelsteine und Mineralien für die Fotografier-Erlaubnis: den Herren Da Macogno (Schweiz), Gärtner und Roemer (Idar-Oberstein), den Firmen Behner (Pforzheim), Kristalldruse (München), Ottens (Bischberg) sowie der Mineralogischen Staatssammlung München.